中华复兴之光
神奇建筑之美

古镇风雅奇观

胡元斌 主编

汕头大学出版社

图书在版编目（CIP）数据

古镇风雅奇观 / 胡元斌主编. -- 汕头 : 汕头大学
出版社，2016.3（2023.8重印）
　（神奇建筑之美）
　ISBN 978-7-5658-2452-4

　Ⅰ. ①古… Ⅱ. ①胡… Ⅲ. ①乡镇－介绍－中国
Ⅳ. ①K928.5

中国版本图书馆CIP数据核字(2016)第044171号

古镇风雅奇观　　　　　　　　　GUZHEN FENGYA QIGUAN

主　　编：胡元斌
责任编辑：宋倩倩
责任技编：黄东生
封面设计：大华文苑
出版发行：汕头大学出版社
　　　　　广东省汕头市大学路243号汕头大学校园内　邮政编码：515063
电　　话：0754-82904613
印　　刷：三河市嵩川印刷有限公司
开　　本：690mm×960mm　1/16
印　　张：8
字　　数：98千字
版　　次：2016年3月第1版
印　　次：2023年8月第4次印刷
定　　价：39.80元
ISBN 978-7-5658-2452-4

前　言

　　党的十八大报告指出："把生态文明建设放在突出地位，融入经济建设、政治建设、文化建设、社会建设各方面和全过程，努力建设美丽中国，实现中华民族永续发展。"

　　可见，美丽中国，是环境之美、时代之美、生活之美、社会之美、百姓之美的总和。生态文明与美丽中国紧密相连，建设美丽中国，其核心就是要按照生态文明要求，通过生态、经济、政治、文化以及社会建设，实现生态良好、经济繁荣、政治和谐以及人民幸福。

　　悠久的中华文明历史，从来就蕴含着深刻的发展智慧，其中一个重要特征就是强调人与自然的和谐统一，就是把我们人类看作自然世界的和谐组成部分。在新的时期，我们提出尊重自然、顺应自然、保护自然，这是对中华文明的大力弘扬，我们要用勤劳智慧的双手建设美丽中国，实现我们民族永续发展的中国梦想。

　　因此，美丽中国不仅表现在江山如此多娇方面，更表现在丰富的大美文化内涵方面。中华大地孕育了中华文化，中华文化是中华大地之魂，二者完美地结合，铸就了真正的美丽中国。中华文化源远流长，滚滚黄河、滔滔长江，是最直接的源头。这两大文化浪涛经过千百年冲刷洗礼和不断交流、融合以及沉淀，最终形成了求同存异、兼收并蓄的最辉煌最灿烂的中华文明。

五千年来，薪火相传，一脉相承，伟大的中华文化是世界上唯一绵延不绝而从没中断的古老文化，并始终充满了生机与活力，其根本的原因在于具有强大的包容性和广博性，并充分展现了顽强的生命力和神奇的文化奇观。中华文化的力量，已经深深熔铸到我们的生命力、创造力和凝聚力中，是我们民族的基因。中华民族的精神，也已深深植根于绵延数千年的优秀文化传统之中，是我们的根和魂。

　　中国文化博大精深，是中华各族人民五千年来创造、传承下来的物质文明和精神文明的总和，其内容包罗万象，浩若星汉，具有很强文化纵深，蕴含丰富宝藏。传承和弘扬优秀民族文化传统，保护民族文化遗产，建设更加优秀的新的中华文化，这是建设美丽中国的根本。

　　总之，要建设美丽的中国，实现中华文化伟大复兴，首先要站在传统文化前沿，薪火相传，一脉相承，宏扬和发展五千年来优秀的、光明的、先进的、科学的、文明的和自豪的文化，融合古今中外一切文化精华，构建具有中国特色的现代民族文化，向世界和未来展示中华民族的文化力量、文化价值与文化风采，让美丽中国更加辉煌出彩。

　　为此，在有关部门和专家指导下，我们收集整理了大量古今资料和最新研究成果，特别编撰了本套大型丛书。主要包括万里锦绣河山、悠久文明历史、独特地域风采、深厚建筑古蕴、名胜古迹奇观、珍贵物宝天华、博大精深汉语、千秋辉煌美术、绝美歌舞戏剧、淳朴民风习俗等，充分显示了美丽中国的中华民族厚重文化底蕴和强大民族凝聚力，具有极强系统性、广博性和规模性。

　　本套丛书唯美展现，美不胜收，语言通俗，图文并茂，形象直观，古风古雅，具有很强可读性、欣赏性和知识性，能够让广大读者全面感受到美丽中国丰富内涵的方方面面，能够增强民族自尊心和文化自豪感，并能很好继承和弘扬中华文化，创造未来中国特色的先进民族文化，引领中华民族走向伟大复兴，实现建设美丽中国的伟大梦想。

目　录

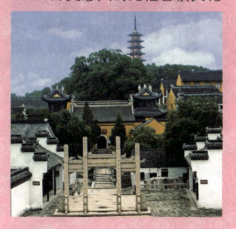

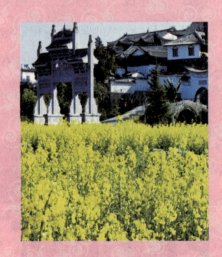

浙江乌镇

　　乌镇地处浙江省桐乡市北端，它西临湖州市，北接江苏省吴江县，位于两省三市交界之处。乌镇具有6000多年悠久的历史，是江南六大古镇之一，素有"鱼米之乡，丝绸之府"之称。

　　乌镇以水为街，以岸为市。同时乌镇又有其他小镇所没有的临水建筑——水阁，因此它又有"中国最后的枕水人家"之美誉。

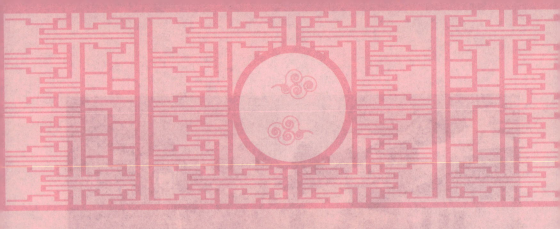

始于新石器时代的古镇

　　乌镇地处浙江省桐乡市的北端，西临湖州市，北界江苏吴江县，是两省三市交界之处。

　　乌镇原以市河，即车溪为界，分为乌镇和青镇。河西是乌镇，属

于湖州府乌程县。河东是青镇，属于嘉兴府桐乡县。新中国成立后，市河以西的乌镇划归桐乡县，才统称为乌镇。

乌镇古名乌墩、乌戍。"墩"，是指地势高于四周。但何以称"乌"呢？其中说法不一。一说是越王把他的一个儿子分封在此，称乌余氏，故此地称之为乌墩。一说是因为土地神乌将军而名乌。一说"乌有乌陀古迹，青有昭明青锁"，故有乌镇和青镇之称。

古代春秋时期，乌镇是吴越边境，吴国在此驻兵以防备越国，"乌戍"就由此而来。在正式的行政建制称谓中，自唐之后，乌镇就没有再称"乌戍"的名称了。

乌镇历史源远流长。据乌镇古文化遗址出土的陶器、石器、骨器、兽骨等文物，专家鉴定它们属于马家浜文化类型，历史上处于新石器时代。可见，乌镇的祖先早在6000多年前就在这里生息、繁衍。

秦朝时，乌镇属于会稽郡，以车溪就是今天市河为界，西为乌墩，属乌程县，东为青墩，属由拳县，乌镇分而治之的局面由此开始。

大唐时期，乌镇隶属于苏州府。872年，索靖明王庙碑上首次出现"乌镇"的称呼。这一时期的另一通碑就是光福教寺碑上的刻有"乌青镇"的称呼，乌镇称"镇"的历史可能由此开始。当时，镇地置有镇遏使的官职。

1078年，史料上已经有关于乌墩镇和青墩镇的记载。南宋宋光宗名为赵惇，为避光宗讳，乌墩镇、青墩镇就改称乌镇、青镇。新中国成立后，乌镇、青镇两镇合并，合称乌镇，直至今天。

乌镇悠久的历史还为人们留下了许多神奇的传说，让古老的乌镇焕发出一种神秘的色彩。乌镇古代最著名的人物是南北朝时梁朝的昭明太子萧统。萧统曾在乌镇筑馆读书多年，并编撰了《昭明文选》，这本书对我国文坛影响极大，可与《诗经》和《楚辞》相提并论。

据说，萧统刚出生的时候，右手紧捏拳头不能伸直，东宫娘娘以及宫女都没法掰开，梁武帝为此十分担忧。

有位大臣献计说到："皇上何不张榜招名医来诊治呢？"

梁武帝觉得有理，就张榜招贤：谁能掰开太子的手，太子就拜他为师。

当时的一位名士沈约见了榜文就揭了榜，他想去试试。没想到的是，他捧起太子的手轻轻一掰就分开了。梁武帝十分高兴，就赐封沈约为太子的老师。

沈约是乌程人。他的祖墓就在乌镇河西十景塘附近。沈约每年清明总要返乡扫墓，并要守墓数月，梁武帝怕儿子耽误学业，就命昭明太子跟随沈约到乌镇来读书。为此，梁武帝还在乌镇造建造起一座书馆。

话说太子萧统来到乌镇，见处处桃红柳绿，鸟语花香，景色那么诱人，便终日游玩嬉戏。沈约治学严谨，他见太子不认真读书，便对他讲了一个故事：

有一年冬天，我回乌镇过年，在轿子经过镇的一座庙时，被庙前的一群百姓挡住了去路，我吩咐停轿问明缘由，原来庙里冻死一个十多岁的小乞丐。

　　围观的百姓说，这小乞丐父母早亡，无依无靠，白天沿街乞讨，夜晚就宿在庙堂。但他人穷志不穷，讨来的钱都用来买书了，他经常在佛殿琉璃灯下夜读。可是一夜北风，竟夺去了他年幼的生命。

　　我当时进庙一看，只是这小乞丐虽然面孔瘦削，却眉清目秀，他仰面躺在稻草堆里，身体已经冻僵，左手还拿着一本书。他是有志于学，至死还不忘读书呀……

　　听完老师的话，昭明太子感动得流下了眼泪。他想，小叫花子那么穷还知道读书，而自己有这么好的条件却不务正业，自己还是太子，将来怎么管理国家呀？从此，昭明太子立志刻苦读书，后来编撰了《昭明文选》，终于成了有名的文学家。

　　后来，沈约把他在乌镇的府第捐给白莲寺，萧统拾馆为寺，这就是后来的"密印寺"。

明朝万历年间，驻乌镇同知全廷训，在白莲寺门前建造了一个石坊，题为"六朝遗胜"。里人沈士茂题书"梁昭明太子同沈尚书读书处"。

这石坊就位于乌镇西栅景区内，至今保存完好，它成了教育子女立志读书的好地方。

石佛寺的传说更有趣。在昭明书馆遗迹西面，乌镇西栅放生桥南面，原来有一座古寺，名叫石佛寺。寺中供有3尊石佛，每尊石佛约有5米高，都是用大理石雕刻而成的，镌凿工巧，造型生动，堪称石雕艺术佳品。

古人来此游览，曾留下这样的诗句：

鼎立同根丈六躯，斫山工匠世应无。
不知他日飞来意，较比鸿毛重几铢。

这寺中的石佛从何而来？游人当然"不知他日飞来意"，但乌镇民间却有人知道这几尊石佛的来历。

据说，天上的玉皇大帝得知人间有苏杭二州，风景旖旎，胜似天堂，就决定在这两处各建造行宫一座，以便游玩。

一天，他从杭州派出4位石佛，前往苏州实地察看。4位石佛就变为4个普通人，乘坐一艘从杭州开往苏州的烧香船。

当船摇到乌镇这个地方的时候，4位石佛从船舱里往外一望，只见这里溪塘交叉，绿树成行，桃红柳绿，风光秀美。4位石佛以为苏州到了，打算先派一位上岸去看看。

船到乌镇西栅日晖桥边，一位石佛对摇船的说："船老兄，我要

上岸小解，请行个方便，能否在此停靠片刻。"

船夫一口答应，立即停船让客人上岸。谁知这个客人刚一上岸，船上的人只觉得船身如释重负，徒然向上一升，浮高了好几寸。

船夫惊奇地说："这位乘客真重呀，好像一个石菩萨。"

船夫话音刚落，岸上那位客人就像中了定身法一样，立在那里一动也不动了。

留在船上的那三位，见上岸的石佛真相已被船家点穿，忙推说要去拜访朋友，也急忙离船登岸，匆匆往南而去。这时烧香船更是浮高了一大截，船上的香客议论纷纷，都猜测说这4个人莫非真是神仙，是石菩萨。

不久，日晖桥塅的那一位，果然变成了一尊石佛立在那里。其他三位，走到放生桥附近，也现了原形，变成了3尊石佛。

消息传开后，人们都说佛落仙地了，乌镇这地方风水好。人们为了保住这块仙地，就在日晖桥先给先上岸的那位石佛建了一座小庙堂，又在放生桥南面，给3尊石佛造了座大寺庙，取名"石佛寺"。

人们还在寺内挂了一块匾额，上面写着"水上浮来"4个大字。

从此，每年春天总有不少善男信女到寺内顶礼膜拜。特别是从杭州烧香回来的那些苏州、常州的香客们，路过乌镇时，总要靠船上岸，到石佛寺去烧"回头香"，据说这是为了向那几位石佛致歉呢！

传说，这就是乌镇石佛寺的由来。

知识点滴

乌镇的来历还有一个传说。

相传唐宪宗元和年间，有个英勇的将军，姓乌名赞，人称乌将军。乌将军爱国爱民，武艺高强，英勇善战。浙江刺史李琦举兵叛乱，皇帝命乌赞将军同副将吴起率兵讨伐。他们穷追猛打，直打得李琦望风而逃。

当乌、吴二将追至车溪河畔时，李琦突然挂出免战牌，要求休战。然而当天深夜，叛军突袭营地，乌将军奋起迎战，李琦且战且退，退到车溪河边，从一座石桥上飞快逃走。

当乌将军跃马上桥追赶时落进李琦事先设下的陷阱，被埋伏在四周的叛军用乱箭射杀。

人们为了纪念忠君爱国的乌赞将军和他的战马青龙驹，就将此地取名乌镇、青镇，后来人们就合称为乌镇。

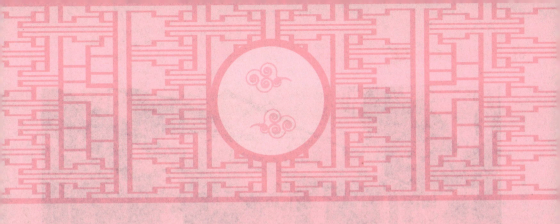

以和为美的江南水乡名镇

　　乌镇是一座具有1300多年历史的江南古镇，具有典型的江南水乡特征。

　　十字形的内河水系将乌镇划分为东、南、西、北4个区域，当地人分别称之为东栅、南栅、西栅和北栅。它完整地保存了原有晚清时期

水乡古镇的风貌和格局。

　　乌镇以水为街，街桥相连，依河筑屋，水镇一体，呈现出水阁、桥梁、石板巷等独具江南韵味的建筑因素，体现了我国古典民居"以和为美"的人文思想。它以自然环境和人文环境和谐相处的整体美，呈现出江南水乡古镇的独特的魅力。

　　水阁是乌镇独具一格的建筑形式。乌镇的街道和民居都沿溪、河建造，所谓"人家尽枕河"。乌镇沿河的民居有一部分延伸至河面，下面用木桩或石柱深入河床中，上架横梁，放上木板，人称"水阁"，冬暖夏凉，绵延数里，是乌镇建筑的独特奇观。

　　水阁是真正的"枕河"建筑，它三面有窗，凭窗可观市河风光，在屋中打开盖板便可汲水洗涤。乌镇的原住民就这样世代随水而生，伴水而眠，乌镇也因此被誉为"中国最后的枕水人家"。

　　作为江南水乡古镇，桥是不可或缺的。

　　据说乌镇历史上桥梁最多时有120多座，真正是"百步一桥"，保存完好的桥有30多座。其中西栅有通济桥、仁济桥，中市及东栅有应家桥、太平桥、仁寿桥、永安桥、逢源双桥，南栅有福兴桥和浮澜桥，北栅有梯云桥和利济桥。

　　这些桥最早的建于南宋，大多始建或重建于明清时期，有些桥还题有桥联，如通济桥的桥联是：

寒树烟中，尽乌戌六朝旧地；
夕阳帆外，是吴兴几点远山。

通云门开数万家西环浙水；
题桥人至三千里北望燕京。

这些桥联具有浓厚的历史文化气息，给人以古朴大气之感。

乌镇西栅有一座通济桥和一座仁济桥，一桥呈南北方向，另一桥呈东西方向，两桥成直角相邻。无论是站在哪一座桥边，人们都可以透过桥洞看到另一座桥，就如同井中观月，因而它博得"桥里桥"的美称。

这两座桥都是拱形结构，高大雄伟，如果在河岸观看，两桥半圆形的桥孔倒映水面，似圆非圆，虚实相间，可谓是乌镇的一大景观。入夜后，双桥在灯光的勾勒下更有一种朦胧美。

"桥里桥"是乌镇最美的古桥风景，与其他地方的"双桥"相比，"桥里桥"无论气势还是造型上都首屈一指。乌镇"桥里桥"是人文美和田园美的完美交融，兼具了野性的奔放和构造的精巧。

桥缝中野树虬枝横斜，桥柱上对联大气磅礴，站在桥头四望，水

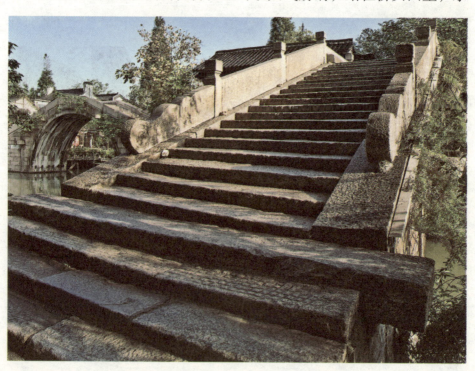

阁风光一览无遗，京杭运河蜿蜒北去，文昌阁风姿绰约，白莲塔巍峨高耸，堪称"桥景一绝"。

在我国的很多古镇，石板路并不罕见，但像乌镇这么大的街区全是石板路的并不多见。

最值得一提的是乌镇西栅的石板路，它全长5千米，完全是数百年前的模样。街面石板的下面有一条雨水收集和排放的通道。因为下面是空的，所以走在石板路上，不时会传来石板轻晃的"咕咚"声，别有一番情趣。

西栅街长，弄堂也特别多，七拐八弯，犹若迷宫。弄堂因行走的人相对较少，所以路面除了石板，还有卵石、碎石和条砖，形式多样。

西大街中段就是一段弄堂比较集中的地方，有酱油弄、蒋家弄、唐家弄、洪昌弄等，走进弄堂，两边山墙高耸，将头顶上的天空遮掩得只剩一条窄窄的线，不时还有横斜的树枝或人家园中的蔷薇探出墙头，曲折幽深，更添几番古典韵味。

古镇水乡河道纵横，人们为了方便上下船，筑有石阶伸入河水中，这就是河埠，当地人称"桥洞"。"桥洞"有宽有窄，窄的不足1米，宽的则有几十米，它是水乡居民与水亲密接触的主要通道。

乌镇的"桥洞"数不胜数，有私家和公家之分。一般的私家"桥洞"在平时是公用的，但如果遇到红白喜事的时候，就专归私家使用了，因为这种"桥洞"只用作为汲水、淘米和洗菜等，所以也称作"干净桥洞"。

乌镇有独特的水阁建筑，以前大户人家往往在自家房子临河岸上

修筑一个"桥洞"，这可算是真正私家"桥洞"了，洗涤饮水全都在自家的地盘上完成，出门回家，船一旦靠岸就是自己家，方便至极。

还有一种公家"桥洞"相当于交通枢纽。这些河埠一般规模都很大台阶也很宽，实际是一个码头，但当地人还是习惯地叫它"桥洞"。

这些"桥洞"的石阶上，都有几根竖立的小石柱，作为拴船之用。西栅较大的"桥洞"有安渡坊、灵水居、乌将军庙和通安居等。

在乌镇中市有一座建于北宋年间的修真观。998年，道士张洞明在此结庐，传说他在此地修得真道，于是创建了"修真观"。

观成之后，有青鸾飞临，翔跃于修真观上空。人们都非常好奇，便争相前来观看，一时间，修真观的名气大增。自古以来，修真观与濮院翔云观、苏州玄妙观并称为江南三大道观，地位极为崇高。

经后世增修的修真观共设三进，一进为山门，二进为东岳大殿，三进为玉皇阁。山门前的广场极为开阔，山门正门上方挂有一特大算盘，下方书有对联一副："人有千算，天则一算"，极具警世意味。在大殿两边分设十殿阎王、瘟元帅和财神等配殿。

古镇东栅有一处徐家豪宅，后被改为江南木雕陈列馆。豪宅又名百花厅，它以木雕精美而远近闻名。整座宅院雕梁画栋，尤其是门楣窗棂上的人物、飞禽、走兽，通过圆雕、平雕、透雕和镂空雕等手法表现得出神入化。在正室偏屋内陈列着丰富的古代木雕器件。

木雕馆里的木雕取材丰富，有"八仙过海"和"郭子仪祝寿"等民间传说，有打鱼、斗蟋蟀和敲锣打鼓等生活场景，也有龙凤呈祥、松鼠吃葡萄和梅兰竹菊等传统图样。这些木雕以其古朴的风格，细腻

精巧的表现手法，刻画出江南一带的民俗风情。

江南木雕陈列馆藏品丰富，人们可以领略几千年来我国博大精深的木雕文化和文化韵味。

乌镇美景数不胜数，江南民俗馆、江南百床馆、文昌阁、古戏台、水上集市等，让人流连忘返。

乌镇千年的历史文化积淀、淳朴秀美的水乡美景、缤纷多彩的民俗节日和古镇人民亘古不变的生活方式使它成了东方古老文明的活化石。乌镇千年的智慧伴随着脉脉书香，为我们展现出了一幅幅迷人的历史画卷。

有唐代，乌镇的商业就非常发达，京杭大运河穿镇而过，使乌镇与外界有着更多的贸易往来。古镇经济的繁荣，促进了与外界频繁的信息交流。

至元代，乌镇正式有了马驿和水驿之分，在乌镇镜内设置的大部分为水驿，就是用船来运传递公文信函等。驿站内设有固定船户，负责传递官方文书。

乌镇西市河是京杭大运河的一条支流，乌镇老邮局位于西市河畔。1891年，乌镇成立了老协兴民信局。它虽以营利为目的，但邮资比较低，因此业务非常广泛。它不仅可以传递国内的信件，还可以传递海外华侨和家属之间的通信。

知识点滴

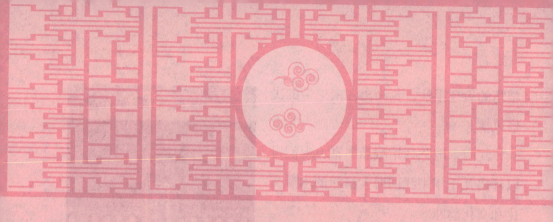

极具水乡特色的民俗和特产

    享誉海内的乌镇被誉为东方古老文明的活化石。不仅因其淳朴秀美的水乡风情，更因其传承了我国千年的历史文化。

    乌镇风味独特的美食佳肴，缤纷多彩的民俗节日，深广厚重的人

文积淀，无处不伴随着脉脉书香。

　　乌镇自古以来就是名人荟萃、学子辈出。从1000多年前我国最早的诗文总集编选者梁昭明太子，到著名的理学家张杨园、著名藏书家鲍廷博、晚清翰林严辰和夏同善等，都是其中的杰出代表。乌镇自宋代至清代，共有贡生160人，举人161人，进士及第64人，另有荫功袭封者136人。

　　乌镇地处河流冲积和湖沼淤积平原，地势平坦，无山丘，河流纵横交织，气候温和湿润，雨量充沛，光照充足，物产丰富，素有"鱼米之乡、丝绸之府"之称。

　　清晨，踏着漫漫轻雾，进入东栅，一路沿着河边漫步，走在这个千年古镇中，无处不感受到人文荟萃的古镇所散发的人文气息。

　　作为江南水乡，千百年以来，乌镇一直保留着淳朴的民风民俗。如贺岁拜年、元宵走桥、清明踏青、端午吃粽、分龙彩雨、天贶晒

虫、中元河灯等。

农历正月初一为春节，旧称"过年"，是最隆重的传统节日。前一日为除夕，俗称"大年夜"，合家团聚吃"年夜饭"。当晚并有拜利事、接灶神等活动。初一晨起"接天"，次拜祖宗，再拜高堂，长幼循拜，然后会亲朋、贺新岁，统称"拜年"。

农历正月十五为元宵节，俗称"正月半"，乌镇人有走桥的习俗。元宵节夜晚，乌镇人三五人结伴出游，途中至少要走10座桥，路线不可重复。这一风俗源于旧时普遍流行的一种以妇女为主体的避灾禳解活动，称"走十桥"或"去百病"。

当时，妇女们梳妆后各带一只平时煎药的瓦罐结队而行，过桥时将瓦罐丢入河中，认为这样可保在新的一年里无病无灾。至近代，丢药罐的举动消失了，演化为一种单纯的节日游乐和祈福活动。

清明是二十四节气之一，唐代以后与寒食节合二为一。乌镇更有许多与养蚕相关的习俗。

清明这天，各地的蚕农一齐来到普静寺烧香祈蚕，称为"香市"。当时，商贩云集，游人如织，售货摊、演艺场热闹非凡。河港中举行踏白船、打拳船竞技斗勇活动，这些活动要持续半个多月，成为水乡蚕农的狂欢节。

农历五月初五为端午节，也称"天中节"，家家裹粽子，亲友互相馈赠，相传此俗源于对屈原的纪念。乌镇人要挂钟馗图、贴天师符，门前悬有艾蒿、菖蒲、大蒜以避邪，食黄鱼、饮雄黄酒等。

农历五月二十五为"分龙日"，也称"分龙节"。传说，司雨的龙王们于此日分赴各自管辖的区域降雨，故名"分龙"。每到这一天，各坊水龙会整装集队，带上全副救火器具，会聚于镇中的旷地河畔，有的事先在水龙、水桶中放进各种颜料。

当一声令下，锣鼓齐鸣，各水龙同时对空喷射，五彩缤纷，十分壮观。

农历六月初六，时值盛夏烈日，乌镇有谚称"六月六，晒得鸭蛋熟"，是说这天正是曝虫晒霉的好时光。每到这一天，乌镇上读书人家晒书籍，寺庙僧尼晒经卷，普通百姓晒衣物。

这天，镇里还有牵猫狗在河里洗澡的习俗，据说可以避虱蛀。人们晒热水为孩童洗澡，妇女则要在这天洗发。此外，在这天家家户户都要吃馄饨。

农历七月十五为中元节，俗称"七月半"。当天，道观要作斋醮荐福，佛寺举行"盂兰盆会"。释道两教共举法事，民间则家家户户祭祀祖先，故又称"鬼节"。

作为江南水乡重镇，乌镇的地方特产也是独一无二的。如乌锦、丝棉、湖笔、手工酱、三白酒、姑嫂饼、熏豆茶、三珍酱鸡、蓝印花布、乌镇定胜糕等。

乌镇丝绸著名老字号是益大丝号。乌锦的织造工艺极为繁复，一天仅能织0.05米至0.06米。乌锦是精选最优等的天然蚕丝织成的，有的产品还辅以纯金线织造。提花丝织锦缎质地坚实、雍容华贵，是锦中的上品。

乌镇是蚕桑之乡、丝绸之府的中心地带，所出产的丝绵质地坚柔，无块、无筋、无杂质，色泽洁白，匀薄如纸。当地人称丝绵为

"大环绵"或"手绵"，它的轻薄、保暖、透气，是其他棉类所不能比拟的。

乌镇历史上隶属湖州府，所以湖笔的制作工艺在这里十分盛行，湖笔采用山羊、黄鼠狼、山兔等兽毛为原料，经过70多道手工制作而成，具有尖、齐、圆、健四大特色，书写绘画得心应手。

我国是酱油生产起源最早的国家，距今已经有2000多年的历史。1859年，陶叙昌创立了以自己名字为号的叙昌酱园，这是乌镇有历史记载以来的最早的酱园。100多年来，叙昌酱园产品的风格与品质始终如一。

叙昌酱园主要产品有叙昌牌豆瓣酱、酱油、酱菜等。酱品纯古法酿制，不含人工香精、色素、防腐剂，酱香浓郁，风味天然。

三白酒是乌镇人的美酒，天然原料纯手工酿成。据《乌青镇志》上说，以白米、白面和白水酿成，故名三白酒。三白酒以其香气浓郁、酒味醇厚、入口绵甜、回味爽净、余香不绝而名声远扬。几百年来风靡江南，经久不衰。

乌镇姑嫂饼是桐乡乌镇的传统名点。据《乌青镇志》记载，姑嫂饼距今已有100多年的历史了。民间传说它是因姑嫂两人斗气而成。味道比酥糖果可口，具有油而不腻、酥而不散、既香又糯、甜中带咸的特点。

熏豆茶又称烘豆茶，主要原料是薰豆，辅料有桂花、炒芝麻、橙皮、萝卜丝、苏子、炒柏子等，故乌镇人有"吃茶"一说。薰豆茶香气馥郁，是富有滋补功能的待客上品。

三珍酱鸡是选用本地农民当年放养的土种雌鸡作为原料。将鸡整只原汁浸烧3次出汤，再放入上等酱油、黄酒、白糖和香料等佐料焖烧。出锅后再涂上一层麻油，外观酱红油亮，入口脆嫩鲜美，后味无尽。

蓝印花布俗称"石灰拷花布""拷花蓝布"，是我国传统的民间工艺精品，用棉线纺织、黄豆粉刮浆、蓝草汁印花，纯粹手工、环保，具有鲜明的民间和民族特色。

定胜糕是乌镇有名的特产美食，其形状为荷花状，外层是精制的香米和糯米粉，米粉细而均匀，里面是豆沙馅，中间混有少量白糖和桂花，味道香糯可口，甜而不腻。

知识点滴

在浙江乌镇，极具民风的特产有很多，定胜糕就是其中著名的特色美食，关于它的由来还有一个传说呢！

据说，古时候，乌镇人民为了迎接打仗得胜回来的将士，特别制作了一种点心。这种糕点颜色绯红，象征着将士的凯旋，名为定胜糕。

后来，又因为乌镇百姓自古以读书为荣，古时读书的人考取了状元，亲朋好友都要做几笼香甜柔软的定胜糕前来送行，以表达人们对金榜题名的良好祝愿。

光福古镇

　　光福古镇位于江苏省苏州市吴中区，是江苏省历史文化名镇，地处太湖之滨，邓尉山麓，是一座嵌入太湖的半岛。

　　光福古镇既有铜观音寺、司徒庙、圣恩寺、石嵝庵、香雪海等著名景点，更有光福核雕等一批重要的非物质文化遗产。

　　光福自有"湖光山色，洞天福地"之美称，四季有果，自然资源极为丰富，享有"鱼米之乡"的美称。

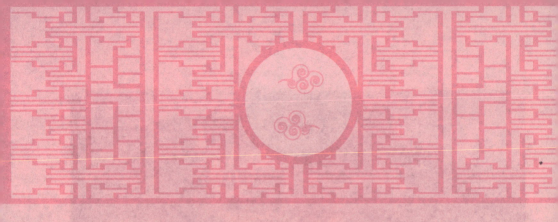

因九真太守舍宅为寺得名

　　光福镇山清水秀，景致如画，可谓是四季如春，花果遍地。南朝梁大同年间的九真太守舍宅为寺，取其"光福"两字，故名。

　　悠久的人文历史和深厚的文化沉积，为这里增添了迷人的典故和神秘的传说，而光福镇则在扑朔迷离之间越发显得魅力无穷，令人心

驰神往。

光福镇的历史，可以追溯至距今六七千年以前，考古学家在东太湖水域底部发现了六七千年前的稻谷、瓦片、绢片、丝绒、竹器和纺轮等遗物。

光福镇相传是春秋时期的吴王养老虎的地方，萧梁时期在龟峰建有光福寺，于是镇以寺名。

光福寺坐落于光福镇龟山南麓的下街，始建于503年。这里曾作为高僧讲经授道的地方，在唐朝达到其鼎盛时期。

后世保留的建筑有大殿、西方殿、寺桥及光福塔。作为吴地最古老的寺院，它与寺前宋代的石桥、寺后山顶光福古塔、寺院内廊壁古香古色的碑碣古刻都已成为苏州重要的珍贵文物瑰宝。

光福寺的前身是私家住宅，是南朝梁国时侍从皇帝、传达诏命要职的黄门侍郎顾野王，把自己的宅院无偿舍出，建成寺院。唐代武则天当政时期改为光福寺，香火十分鼎盛。

1040年6月，有位村民在光福寺旁取土，挖出一尊铜观音像，随即敬赠给光福寺。此事在当时轰动了吴郡各地，朝拜的佛教徒络绎不绝，人流如海，于是，人们便改称光福寺为铜观音寺。

光福寺历经风雨，几经废兴，后存的大雄宝殿和西方殿都是1832年后修建的。

光福寺塔，位于江苏省苏州市光福镇龟山。建于535年至546年间，也就是梁朝大同年间，本名舍利佛塔。据传，塔内原收藏有大方广佛华严经和光福寺开山祖师悟彻和尚的舍利。

846年，也就是唐代会昌末年，光福寺塔毁于大火。860年至874年间，光福寺的方丈四处化缘，筹资后重建寺塔。塔檐木毁于清代嘉庆年间雷击大火，后又屡经毁修，久历沧桑，饱受风雨剥蚀。

维修后的寺塔矗立在寺后龟山之巅，高27.95米，四面7级，平面呈正方形，是砖木混合结构楼阁式佛塔。

佛塔底层西北面设券门，二层以上四面置有壶门，各层门的内壁左右都置有佛龛，共陈列49尊佛像。

塔的顶部设有方形、圆形和八角形等各不相同的藻井。各层置腰檐平座，建筑手法简洁朴素。塔底层设迴廊，各层均安有楼板，可拾级而上。

该塔外观古朴。由于位置得当，加上周围景物衬托，颇有"不在画中已入画"的意境。

登临光福寺塔的塔顶，天宽地阔，美不胜收。

光福寺塔历来就被文人墨客所钟情。无数文人雅士，慕名前来，都要登临塔顶，一览众山的风采。站在塔顶，放眼天平和灵岩各座山峰，仿佛近在咫尺。登塔眺望，远山峰峦连绵，东西崦湖交相辉映。

据说，明代苏州文人、"吴门画派"的创始人沈周曾多次登上光福寺塔，写了《登光福塔》一诗，生动地描述了他当时登塔赏览的风光："山围水抱开农桑，乐土风光真画里。三年潇潆我无家，恨不携书亦居此。"

知识点滴

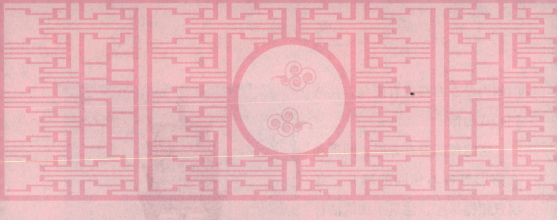

名扬四海的香雪海和司徒庙

在光福镇邓尉山有一处闻名天下的赏梅胜地，那就是香雪海，是我国四大赏梅胜地之一。

1696年，江苏巡抚宋荦来到此地赏梅后赋诗《雨中元墓探梅》，

题写了"香雪海"3个字，并镌于崖壁，从此香雪海名扬海内。

乾隆皇帝6次南巡，每次必到香雪海赏梅。香雪海后世存有一座乾隆诗碑，上刻如下诗句：

邓尉知名久，看梅及早春。
缤纷开万树，相对惬佳辰。

在诗碑旁是著名的梅花亭。半山腰有闻梅馆，游人在此可品茗赏梅，后人在山顶新建一座观梅亭。

另有"华光万顷""客到无人管迎送，送迎唯有古梅花""琼枝疏影""幽姿冷妍"及宋荦诗等摩崖石刻和泉水"梅泉"。

香雪海除了初春赏梅外，每年的6月中旬，还会有大片木荷开放，是一处难得的景观。掩映在梅花丛中的古闻梅轩和梅花亭，就像飘浮在茫茫雪海之上的玉宇琼阁。人们沿着曲折幽深的花径前行，大有"入山无处不花株，远近高低路不知"之感。登上梅花亭极目眺望，满山遍野，绵谷跨岭，雪海荡漾，银波耀眼，蔚为壮观。

在光福镇"邓尉探梅"早已成为一种习俗。邓尉山植梅，始于汉唐，在宋元时期得到大力发展，明清时期达到兴盛，素有"邓尉梅花甲天下"的盛誉。梅花除了具有极高的观赏价值外，还可入药和食用，故当地人都以种植梅花为业。

宋代孝廉张诚在《探梅》诗中就有"望衡千万家，种梅如种谷"的诗句。十里梅乡就是当时真实情景的写照。

在光福镇西的涧廊村东南有一座司徒庙，是东汉光武帝的大司徒邓禹的祠庙。司徒庙又叫古柏庵、柏因社、柏因精舍，始建年代已经无从考证。

后世所存的殿宇是清末民初重建的。司徒庙也叫邓尉庙，庙里有4棵古柏，树龄近2000年。

司徒庙后存两进庙宇殿舍，共20多间。采用传统的院落式布局。前为墙门，门前左右分立一对石狮，进门沿主轴便是山门和大殿。山门和大殿间由院落隔开，两侧有边厢，庙左附有院子，植有古柏名木，并置有赏柏厅，厅后就是闻名于世的"四株古柏园"。

作为司徒庙内的4棵古柏，相传为邓禹亲手所植，至今已有2000多年的历史。这4棵古柏造型别致，姿态各异，虽经千年风雨，日曝雷击，却依然遒劲壮观，堪称天下奇绝。

据传，当年清代乾隆皇帝下江南巡视来到此地，被这4棵古柏深深地吸引，不禁叹为观止，分赐4棵古柏为清、奇、古、怪。

"清"柏，主杆粗壮挺拔，直耸云天，体态稳健，枝叶苍翠，给人挺俊、清朗，富有朝气的感觉。

"奇"柏，主干似腰被斩后断成两枝，一枝垂到在地面又郁郁葱葱；另一枝在离它几米远的地方钻进地里又重新伸出新枝，长成一棵新的古柏，真是新枝出于枯木，颇有枯木逢春之趣。

"古"柏，少皮秃顶，古朴苍劲，姿态肃穆，纹理萦纡，似百索绕躯盘旋而上，又如蛟龙盘绕在身。给人以粗犷憨厚之感。

"怪"柏，不知何时被雷劈成两爿，一爿远离母本落地生根，卧地三曲，形似笔架，又似走地蛟龙；另一爿却似悬空吊篮，似昂首蛟龙，欲腾空起飞之势，令人惊叹。

清、奇、古、怪，这4棵千年古柏，尽管遭受岁月的磨难，却依然郁郁苍苍，四季常青，显示出一副百折不挠的气概，给人以无穷的向上的力量。

在司徒庙的赏柏厅侧碑廊内，置有两部佛经。一部是《大佛顶如

来密因修正了义诸菩萨万行首楞严经》，简称《楞严经》；一部是《金刚般若波罗蜜经》，简称《金刚经》。

《楞严经》由吴门章懋德镌刻，字迹匀称，刀法有力，十分清晰，是一部保存得非常完整的明代石刻经卷。该石刻本应该送藏涿州房山，后因清兵入关，兼之水路有阻，不得已才藏于光福下绞村的狮林寺内。后来，被文物管理部门移到司徒庙的碑廊中。

知识点滴

我国是梅花的故乡，梅花至少在西汉时就被引种栽培和应用。我国历史上民间赏梅咏梅习俗盛行，有大量的咏梅诗文存于后世。

南京植梅盛于南朝，赏梅之风历代相沿。据史书记载，城北钟山脚下梅花坞、城南梅岭岗都是植梅和赏梅最佳之地。

南京民间植梅与赏梅历史悠久，历六朝至今不衰。唐代诗人李白在《新林浦阻风寄友人》诗写道："昨日北湖梅，开花已满枝。今朝白门柳，夹道垂青丝。"

北宋王安石时居半山园，题有《梅花》诗一首："墙角数枝梅，凌寒独自开。遥知不是雪，为有暗香来。"

明末徐渭画有《钟山梅花图》，绘出了"龙蟠胜地，春风十里梅花"的景观。

历史悠久的光福古镇文化

　　圣恩寺，全称天寿圣恩禅寺，坐落在苏州市吴中区光福玄墓东南，柴庄岭下，面对太湖。唐天宝年间，始创"天寿寺"。南宋宝祐年间又建"圣恩禅庵"，寺庵并列，曾被辟为上、下道场。1328年，

幼主阿速吉八敕赐"圣恩禅寺"匾额。

1340年，天寿寺毁于火灾，圣恩禅庵却幸存下来，成为佛教南宗发祥地。清代康熙和乾隆两位皇帝来到光福探梅时，多次驻足于此。

1349年，江南名僧千岩元长禅师的高徒万峰从杭州来到吴地玄墓山。由于万峰的到来，信徒渐渐增多。

1376年，开辟土地建筑观音阁及各座殿室，圣恩寺才初具规模。寺内有康熙皇帝所题的《松风水月》碑，乾隆皇帝赋并书写的《再邓尉香雪海歌旧韵》也被刻成诗碑立于寺内。

传说，正月初九是玉皇大帝的诞辰，俗称"天生日"。苏州城有"斋天"习俗。圣恩寺"斋天法会"由来已久，自1699年诏建"万寿道场"就已经开始。每年正月初九，前来进香请愿的人络绎不绝。

在光福镇的潭山有一处石嵝庵，又称石嵝精舍。石嵝庵始建年代已经无从考证。清代初年有无声禅师在此居住。

石嵝庵后存民国年间的建筑数十楹，原供有缅甸信徒所赠的玉佛。院中数株芭蕉，一架紫藤，像是一户书香人家，大殿也不高大，有如民居一般，门的上方悬挂的"放大光明"4个字一匾。两侧偏殿后作为游人的休憩之所。

大殿后的山崖旁，有一眼泉水。泉水清洌甘芳，岁旱不竭，脱尘禅师将其命为"余留泉"，是有余和留"我"在此的意思。在庵的左侧有万峰台，台上有明代赵宦光题刻的"万峰台"3个字，相传是元代万峰祖师修炼之所。

台上现有多处清代到民国年间的摩崖石刻。站在万峰台上，可见诸山蜿蜒绵延，太湖云帆此起彼伏，七十二峰隐现云端，光福地区青山绿水之美一览无余。在古代，这里是来邓尉山探梅必到之地。

在光福镇，有一流传很久的民间工艺，那就是核雕。说起光福镇的核雕，可谓是历史悠久，技艺精湛。明代文学家魏学洢的散文《核舟记》中就记述了明天启年间常熟王叔远在不满一寸长的桃核上雕刻出《东坡游赤壁》的场景，被惊赞为"灵怪之材"。

清代乾隆初年，苏州微雕艺人杜士元同样用桃核雕刻了《东坡游赤壁》，他在小船上增雕了船工，被当时称为"鬼工"。核雕是苏州地区独有的民间艺术，光福也是近代核雕的发源地。

从光福人祖上传承下来的核雕技艺，主要以橄榄果核为材料。橄榄核来自广东一带的"乌榄"品

种，质地硬而细腻。有了好的材料才能制作出好的工艺品。

苏州核雕工艺精巧，作品造型活泼，立体感强。线条明晰，人物有神，风格细腻，集中反映了苏州工艺雕刻的"精、细、雅"的神奇魅力。因而，光福核雕是我国微雕杰出代表。

核雕的技巧以浮雕、圆雕和透雕为主，外形基本保持果核的原形。核雕形式有3个系列：珠串式、坠件式和摆件式。

所反映的题材一般有4个系列：吉祥如意系列、神仙人物系列、民间民俗故事系列和山水园林系列。精美的核雕工艺品具有很高的艺术价值、技艺价值、实用价值和收藏价值，成为光福古镇文化的缩影。

知识点滴

核雕是在较小的果核上表现出复杂的题材，雕刻手法也细致入微。确凿见于著述的出神入化的最早核雕作品，是明代之物。《清秘藏》中记载了明代宣德年间有个叫夏白眼的人，他能在橄榄核上刻16个娃娃，喜怒之形极为生动。或刻子母九螭、荷花九鸳、蟠屈飞走的绰约姿态，在方寸小核中尽现无遗。

明代王叔远的精雕桃核，邢献的精雕核桃，夏白眼精雕的橄榄核可谓是核雕三绝，他们的作品传世绝少。清代有邱山的精湛核雕技艺，作品传世也很少。晚清核雕艺人杨芝山的核桃雕"西园雅集图记"林木怪石间，竟雕刻三组人物共19人，其精微之妙令人拍案惊奇。

西塘古镇

  西塘古镇位于江浙沪三省交界处的浙江省嘉善县，古名斜塘，平川。西塘不仅历史悠久，人文资源丰富，自然风景优美，而且还是古代吴越文化的发祥地之一。西塘完整地保留了明清时代的建筑，被称为"活着的千年古镇"。

  西塘古镇不论在何时，始终呈现一幅"人家在水中，水上架小桥，桥上行人走，小舟行桥下，桥头立商铺，水中有倒影"的不断变幻的水乡风情画。

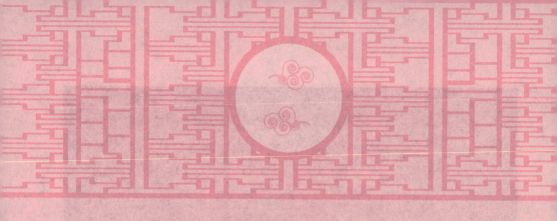

唐氏后人兴起千年古镇

位于浙江省嘉兴市嘉善县的西塘，是一个美丽而古老的小镇，它穿古透今，始终幽雅而从容。西塘，以其"梨花院落溶溶月，柳絮池塘淡淡风"的气质，虏获了无数人的心。

那么，如此幽雅而又美丽的"千年古镇"究竟是如何形成的呢？

这要从一户姓唐的人家说起。

相传，在北宋宋真宗大中祥符年间，有一户姓唐的大户人家迁到荡边居住。

他们来到荡边后，看到此地有一块面积较大的湖荡。

这个湖荡里不但风景秀丽，而且还盛产翠鸟和红菱，翠鸟和红菱在古代都被视为吉祥之物，又恰巧在祥符年间，因此就以"祥符"两字来称呼这个湖荡。

据说，这户唐姓人家的家中有兄弟俩人，这兄弟俩从小生活于祥符荡边，后来兄弟长大各自成了家之后就分了家。哥哥居住在祥符荡东边，人称东唐，弟弟则居住在祥符荡西边，人称西唐。

后来，因为种种原因，哥哥这一房逐渐衰落，而弟弟这一房，却十分兴旺，兴旺得就如同一棵树，生出许许多多树枝一样。

于是，后人便把弟弟居住的地方，在"唐"字边上加个土，便形成了后来的"西塘"。

也就是从这时候起，西塘开始建有村落，人们沿河建屋、依水而居。南宋时期村落渐成规模，形成了最初的市集。

至元代，西塘才渐渐形成了集镇，商业开始繁盛起来。这时不仅是商业繁盛的时期，还是许多文人如钱塘诗人钱惟善、高启等文人墨客寻幽探古的时期。

西塘真正成为商业重镇，是从明清时期开始的。那时的西塘凭借鱼米之乡丝绸之府的经济基础和水道之便，发展成一座繁华、富庶的大集镇，并且窑业、米市、食品和制陶业等行业也是从那时开始日益兴旺起来。

据说，当时走在西塘的街道上，随处可见我国古老而又醇香浓郁的"嘉善黄酒"、补中益气与开胃健脾的"八珍糕"、享誉清末的特色名菜"荷叶粉蒸肉"和又香又嫩的"清蒸白丝鱼"。

这些食物不仅样式美观、口感诱人，并且每种食物都还蕴含着一段美妙的历史典故，其中较为有名的是关于"八珍糕"的典故。

据史料记载，清朝光绪年间的一天，西太后慈禧由于嗜食油腻肥甘的食物，尤其爱吃肥鸭，结果病倒在宫中。她不思饮食、消化不良、脘腹胀满、恶心呕吐、大便稀溏、闷闷不乐。

慈禧被人称为老佛爷，太医听说老佛爷卧病在床，个个胆战心惊，心急如焚。于是，太医李德生率众太医前去皇宫为"老佛爷"会诊，结果众太医都说老佛爷的病是脾胃虚弱所致。弄清了老佛爷的病源，众太医们经过研究和推荐，都认为给"老佛爷"所用的药物应该是补脾益胃的。

于是，太医李德生经过总结和提炼，终于给老佛爷开出了8味既是食物又是药物的处方，此处方为茯苓、芡实、莲子、苡仁、山药、扁豆、麦芽、藕粉各2两，共研细末，加白糖7两，用水调和后做成香甜可口的糕点，因此李德生和众太医们将此糕点取名为"健脾糕"。

据说健脾糕十分神奇，老佛爷吃了此糕之后，便觉症状减轻。几天后，病状竟完全消失了，并且食量大增，感到周身有力。老佛爷一高兴便将健脾糕称为"八珍糕"了。

由于御膳房为慈禧做的八珍糕香酥可口，甜美无比，从此八珍糕不仅成了慈禧最喜爱的食品，而且还成了西塘的一大特色小吃，直至后来，慈禧不管有病没病，总要让御膳房为她做八珍糕食用。

除此以外，西塘还现存很多特色性的建筑，这些建筑一般以明、清时期的建筑为主。明代的较少，清代其次，清末的最多。这些建筑有几大特点，其一，门面不张扬，在街面上看过去，与两边最普通的民房并无两样。

这是因为当时地皮十分紧张，每家都想占有一水边河埠，所以每户人家总是将宅第拉得很长、很深，都有三进、五进、七进的。

百姓之所以总是想让自己的宅第拉得很长、很深呢？是因为"长"在当时意味着屋子的寿命长、主人的福气长、太平美满的日子长。

　　而在这条纵轴线上的平房、楼房、天井和走廊等高低错落的安排上也很特别，一般都是先抑后扬，节奏和谐，显得逐渐开朗。无论是采光、干湿晴雨、庭院草木等都考虑周到，非常协调，处处呈现家和的平常气氛。

　　其二，民居建筑的内部也与其他地方不同。大户人家进门没有照壁，在正厅前庭也无遮拦，只用石库门的形式"束一下腰"，这里的古人称之为"直拱"，就是客人一进大门就可以向坐在厅堂的主人作揖，说明主人坦荡胸怀，一目了然。

　　建筑内部不同功能的单体布局，也有着明显的"阴阳调和"的特色。在西塘"前堂后寝，暗房亮灶"是必须遵守的格局。天井与建筑必须间隔，是为了使阴阳的反差就不那么强烈，处处体现一种调和的气氛。

　　在西塘无论是其建筑物的装饰还是风格，更多强调的是简洁、实用与朴素，因此镇上很多大户人家竟找不到张扬的飞檐翘角，而是更

多地加入了精雕细琢的徽派建筑风格，所以张扬部分被削减了，融入了平民文化的元素。

有史以来，西塘凭借着独特的人文优势和绚丽的明清建筑，被誉为"江南六大古镇"。

西塘风景秀丽，人才辈出，文化底蕴深厚。据统计，历史上这里曾出过进士19人，举人31人。

杨茂、张成是西塘两位元代工艺美术大师，雕漆巨匠。他们的作品出神入化，尤其是雕漆中的剔红技法达到了顶峰，代表了元代漆器作品的最高水平。

周鼎与陈舜俞、吴镇并称"嘉善三高士"。他在《萍川十景诗》中描绘了西塘许多的景致，如西塘晓市、北翠春耕、南泓夜泛、环秀断虹、雁塔湾头等，揭示了古镇西塘当时的生活场景，展示了西塘一幅幅美丽的画卷。

知识点滴

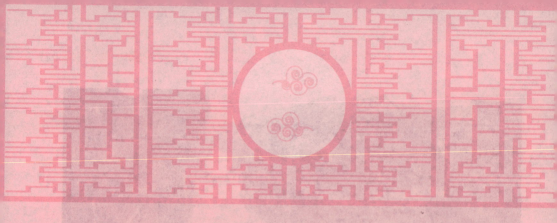

独具特色的明清古建筑群

　　江南水乡，古镇西塘，地处杭嘉湖平原嘉善县北，是一座已有千年历史文化的古镇。早在春秋战国时期就是吴越两国的相交之地，故有"吴根越角"之称。

　　西塘素以桥多、弄多和廊棚多而闻名，因此很多明清建筑在经历

了历史的风雨后大多仍保存完好，依然是街衢依河而建，民居临水而筑，大多数有"小河穿市过，人家尽枕河"的味道。

因此，在这里不仅能亲身感受到古朴、安逸、原汁原味的水乡风情，而且还领略到西塘的小桥流水、错落有致的明清古建筑之美。

西塘现存有很多著名的古建筑，如圣堂、环秀桥、五福桥、送子来凤桥、烟雨廊棚、西园和石皮弄等。

其中，五福桥始建于1505年。1901年加以维修。据说这座桥是由西塘的5户人家共同集资建造的，这5户人家分别把5种不同福气都安置在桥面上。

据西塘的老人讲，人如果从这座桥上走过会带上5种福气，这5种福气有好多种版本，但大致认为是长寿、康宁、富贵、德行与善终。

古镇另一处著名建筑是圣堂，在五福桥建成后修建的。

这里是供奉关羽的地方，但为何没把它取名关帝庙而称为圣堂，据说有两种说法。一是西塘人尊称孔子为文圣，关羽为武圣，故名圣堂；二是传说乾隆皇帝下江南的时候，曾来过这里，圣上来过，所以叫作圣堂。

圣堂在西塘的历史十分悠久，初建于1575年，直至1668年才改名为静觉庵。1581年和1711年又经两次重修。

在西塘人眼中，圣堂既是一座关帝庙又是一座财神庙。旧时的西塘每逢正月初五，镇上的商人们必去圣堂烧香祭拜，用家里南瓜糊做的元宝，换圣堂的元宝，意喻一年里财源滚滚。圣堂两旁也商贩云集，各色风味小吃。年画和玩具等琳琅满目，热闹非凡。

圣堂前后共分四进，第一进为门厅，第二进和第三进分别供奉着文财神赵公明、武财神关羽，第四进为观音殿。两旁侧殿则是文昌殿和三官殿。

圣堂内供奉的神像，并没有严格区分道教与佛教，在西塘这座小镇上，只

关羽

要是老百姓敬仰的，都被供奉在这里。

在圣堂中还有两件十分古老的物件，一件是抱柱联，上联是"异姓同胞笑今人同胞异姓"，说得是刘备、关羽、张飞三人是异姓结为兄弟，情同手足的故事；下联是"三分一统恨当年一统三分"，说得是刘备、关羽、和张飞异姓结为兄弟时，国家却是三足鼎立的态势。

而另一物件则是门厅内置放的名为"引元宝"的雕花木板，这块木板材质考究、雕工精湛，上刻17只鎏金的大元宝，原摆放在正厅门上，意喻招财进宝。

在西塘镇中，比圣堂晚6年修建的是环秀桥，它始建于1581年，是根据明代诗人周炳的《环秀短虹》诗而得名。

此桥是西塘镇上27座古桥中最早的一座高桥，相传昔日晴天时，站在桥顶可以北望太湖边上的青山，并且此桥上还有一副对联"船从碧玉环中过，人步彩虹带上行"。

　　这副对联不仅描写了过桥的两种方式，而且还是脱胎于河北赵州桥上的对联"水从碧玉环中去，人在苍龙背上行"的内容。

　　比环秀桥晚56年修建的是送子来凤桥，它始建于1637年，是一座三孔石板桥，清代康熙和道光年间均有重修。。

　　送子来凤桥又名"情侣桥"，寓意情侣步过此桥，婚后必生贵子，因此西塘的男女青年结婚时，都喜欢到桥上走一走。男子走左边，女子走右边，寓意男左女右。

　　左边为阶梯级，比喻为步步高升，而右边没有阶梯，是斜坡的，主要是因为古代女子裹小脚，三寸金莲，慢慢往上挪，步伐比较小，故走小步，寓意结婚后能稳稳当当勤俭持家。

　　在西塘不仅桥多而且廊棚多，因此廊棚不仅成为江南水乡中独一无二的标致性建筑，也成为西塘古镇中保存最完好的建筑之一。

所谓廊棚，其实就是带屋顶的街。在雨季，西塘的廊棚像一顶硕大的雨伞，呵护来往行人。因此，在西塘流传着一句"雨天走人家，照样不湿鞋"的谚语。西塘的廊棚长达2.3千米，长度是北京颐和园长廊的7倍还多。它们有的临河，有的居中，有的在沿河一侧还设有靠背长凳，供人歇息。

在西塘除了桥多、廊棚多之外，弄堂也十分多。在西塘最有代表性的一条弄为"石皮弄"。石皮弄全长68米，由216块石板铺成，两边建有8米高的山墙。最窄的地方0.8米，最宽也不过1米。

由于石板很薄，平均厚度只有0.03米至0.05米，下有一条很长的下水管道，所以石板就像皮一样覆在上面，故此得名"石皮弄"。

走进石皮弄，最先看到的是尊闻堂。尊闻堂是西塘古老的民间建筑。它厅内的梁柱粗大，雕饰精美，各种龙纹及花卉布满柱梁，并且在其厅堂主梁镌刻的巨幅"包袱巾"是由100个"寿"与"万"字及蝙蝠组成百寿图案，所以尊闻堂又名"百寿厅"。

在西塘古镇中，离百寿厅最近的建筑为西园。西园是明代朱氏私邸，园内有树木、花草、假山、亭池，是当时镇上风景优美之处，也是目前西塘古镇最大、保存最好的一座私家园林。

在西园中最高的建筑是其门槛，俗话说"宰相门槛高三尺"，这也印证了此园主人地位确实比较高。进入门厅，迎面是一个照壁。

照壁上四角的图案为4只蝙蝠，中间是一个"寿"字，而蝙蝠的"蝠"与福气的"福"字同音，寓意"四季皆有福气"，整个照壁的寓意即是"福寿双全"；另外说明了江南人家"财不外露"的秉性。

因此"春秋的水，唐宋的镇，明清的建筑，现代的人"，是对西塘最恰当不过的形容。

知识点滴

据说，西塘旧时的主要交通工具就是船，沿河的地方必然会形成一条繁荣的商业街。各个店家的老板为了方便自家的贸易不受天气的影响，刮风下雨能够照常做生意，就在建房的时候特意造出一个廊棚，供来往之人避雨和休息。

当地居民看到廊棚后，觉得这种做法既方便了自己又方便了他人，于是纷纷效仿。久而久之，西塘的廊棚就形成了。由此可见，西塘廊棚不仅反映出当地百姓的淳朴和厚道，还反映出西塘百姓的"老吾老以及人之老，幼吾幼以及人之幼"的可贵品质。

江苏周庄

周庄古镇位于江苏省苏州市东南。始建于1086年，因邑人感念周迪功郎先生捐地修全福寺而命名。春秋时期则是吴王少子摇的封地，名为贞丰里。是隶属于江苏省昆山市和上海交界处的一个典型的江南水乡小镇，江南六大古镇之一。

2003年，周庄被评为"中国历史文化名镇"。周庄古镇著名的景点有：沈万三故居、富安桥、双桥、沈厅、怪楼、周庄八景等。周庄素有"中国第一水乡"的美誉。

古镇的历史渊源及风土人情

　　周庄，位于上海、苏州和杭州之间，在昆山市境内。古镇四面环水，咫尺往来，都要乘船。全镇依据河流走向建成街道，桥街相连。

深宅大院，重脊高檐，河埠廊坊，临河水阁，无不体现出千年古镇的古朴幽静，展现出江南典型的小桥流水人家。

周庄镇旧名贞丰里，建于北宋年间。据史书记载，1086年，周迪功郎信奉佛教，将13万多平方米的庄田捐赠给全福寺作为庙产，百姓感其恩德，将这片田地命名为"周庄"。

1127年，金二十相公跟随宋高宗南渡迁居到此，周庄的人烟才逐渐稠密起来。

至元朝中叶，颇有传奇色彩的江南富豪沈万三的父亲沈佑，由湖州南浔迁徙到周庄东面的东宅村，因经商而逐步发迹，使周庄出现了繁荣景象，形成了南北市河两岸以富安桥为中心的旧集镇。至明代，周庄镇廓扩大，向西发展到后港街福洪桥和中市街普庆桥一带，并迁肆于后港街。

清代，周庄古镇的居民更加稠密起来，西栅一带逐渐形成众多商铺，商业中心又从后港街迁到中市街。这一时期，周庄已经衍变为江南大镇，但名称仍叫贞丰里。直至康熙初年才正式更名为周庄镇。

也有史料记载，周庄地域在春秋时期至汉代有"摇城"之说。相传这里曾是吴王少子摇的封地，周庄的历史就显得更加悠久。在镇郊太师淀中发掘到的良渚文化遗物，也证明了这一点。

　　周庄在元代时期隶属苏州府长洲县。明代中期属松江府华亭县，清初复归长洲县。1725年，周庄镇因元和县一分为二。1761年，江苏巡抚陈文恭将原驻吴县甪直镇的巡检司署移驻周庄，管辖几乎有半个县的范围，包括澄湖、黄天荡、独墅湖、尹山湖和白蚬湖地区。

　　周庄由原来的小集市迅速发展为商业大镇，与江南富豪沈万三的发迹很有关系。

　　沈万三利用白蚬江西接京杭大运河，东北接浏河的优势，出海贸易，将周庄变成了一个集粮食、丝绸及多种手工业品的集散地和交易中心，促使周庄的手工业和商业得到了迅猛发展。当时周庄最突出的产品有丝绸、刺绣、竹器、脚炉和白酒等。

　　周庄镇自古为泽国，南北市河、后港河、油车漾河、中市河形成井字形，因河成街，傍水筑屋，呈现一派幽雅古朴的气质。

　　周庄魅力在于它的文化内涵，沈厅、张厅、迷楼、叶楚伧故居、澄虚道院、全福寺等名胜古迹，具有很高的历史、文化和观赏价值。

　　周庄古桥很多，也极具特色。著名古桥的有双桥、富安桥等。全镇桥街相连，依河筑屋，小船轻摇，绿影婆娑。

　　西晋文学家张翰和唐代诗人刘禹锡、陆龟蒙等曾寓居周庄。元末明初沈万三得天时地利，成为江南巨富。他们对周庄情有独钟，可见周庄的魅力无穷！

　　周庄有史以来民丰物阜，悠远的文化传统形成了丰富多彩、饶有趣味的民间习俗。除了在宗教场所举行的各种仪式，在乡间田头，人们也用自己创造的方式表达内心的祈愿。"打田财"就是其中的一种。

　　每年元宵节，在东诧村牛郎庙的广场上，人们竖立起一根桅杆，杆上横一根小竹竿，两端悬挂串串彩灯。桅杆顶端缚一圈圈稻草，内

藏鞭炮，敷以易燃物品，再糊上一层黄色的纸张，呈元宝状，这就是"田财"。

周庄"打田财"习俗来源已久。《周庄镇志》记载，在宋代，每年农历腊月二十五至除夕都要举行驱傩活动。

南宋诗人范成大在《吴郡志》写道：

> 是夕爆竹及傩，田间燃高炬，名照田蚕。岁节祭餙用，除夜祭毕，则复爆竹，焚苍术及辟瘟丹。

流传至清代，这种风俗有了变异，又有祈秋收和宜蚕的意义，时间也提前或延后，周庄的打田财则放在了元宵节。

周庄另一项饶有兴趣的民俗是摇快船。摇快船始于清初。顺治年间，乡亲们为了纪念邻镇的秀才陆兆鱼，于每年的农历三月二十八和七月十五举行庙会，在水上进行摇快船比赛。

经过数百年的沿袭，摇快船已成为群众喜闻乐见的大型娱乐活动。农民自备船只、服装、道具和锣鼓等，自娱自乐，具有浓郁的水乡风情。

周庄人吃茶历史悠久，现已很难考证始于哪一年，历来有吃阿婆茶、讲茶和喝喜茶、春茶、满月茶等习俗，名目繁多，被称为江南水乡的"茶道"。

周庄的阿婆茶在江南水乡颇有名气。到周庄，未吃到阿婆茶，不算真正到过周庄，在周庄，吃过阿婆茶的人，将会品出水乡古镇的味道来。

周庄人吃阿婆茶源远流长。早在元代，陈去病的先祖由浙江迁居到周庄，以锤薰炉为生，生产铜锡茶壶。如今，镇上明清建造的徽帮茶叶栈房犹存，其中吴庆丰开设在清初，程义泰开设在清乾隆年间。

周庄人十分讲究吃茶方式。年老长者至今仍保持着一种古老而又

别具风韵的喝茶方式——炖茶。

周庄民风醇厚，习俗相衍。清澈流长之水，哺育出独特的水乡茶文化。同样，也孕育着水乡人醇浓的酒风。

周庄水纯米香，素有高超的酿酒工艺。清代，镇上曾有14爿酿酒作坊，年产上万甏米黄酒，所酿白酒以"十月白"最负盛名。《贞丰拟乘》记载："有生酒，名十月白。味清冽，可以久藏。"

乡村人家，也多有酿酒风俗，每至秋天白米上场时，用土法酿几斗数石米酒，除了平日自家小酌，还准备过节、喜庆筵席之用。

水乡周庄地处昆山、吴江、青浦三市交界。当地农村妇女的传统服饰，具有浓郁的水乡风采。

上街、走亲、下田，妇女喜欢系上一块花毛巾或蓝布包头，身穿大襟衣服，腰扎百褶小围裙，背后垂下两条及膝的彩带，带头上还缀有红绿流苏，裙下一条青布裤，脚穿绣花滚边圆口布鞋。这就是地道的水乡周庄农村妇女的打扮。

在周庄的乡村，有一种独特的民间曲艺形式——宣卷。它近似于堂名，也有说唱、评弹之风。宣卷分为丝弦宣卷和木鱼宣卷2种。

宣卷曲艺已有200多年历史，它源于周庄，尔后流行至锦溪、甪直、同里、青浦等地。20世纪初期，有蟠龙村张慕堂、龙停村徐士英、祁浜村郭兆良等宣卷高手，名扬四乡。

水乡周庄，珍馐水产四时不绝，其中最有名的就要数蚬江三珍，即鲈鱼、白蚬子和银鱼。周庄还出产鳗鲡，"稻熟鳗鲡赛人参"，这句乡谚尽人皆知。

周庄美味不止于此，江南特产的腌菜苋、青团等也深受游人喜爱。数不尽的糕点熟食，犹如四季不败的花市：芝麻糕、花生糕、胡桃糕、椒盐糕、青糕等。

周庄人心灵手巧，900年以来发展了许多传统工艺。周庄竹编、庄炉就是其中的代表之作。周庄的茶壶也别具特色，茶壶多为陶制、瓷制，周庄茶壶则为石雕。作为江南水乡的代表，苏绣和珍珠等江南特产在这里也是比比皆是。

每年的元宵节夜晚，周庄的男女老幼从四面八方来到广场。他们携带鞭炮、爆竹和各色烟花火筒欢度良宵。

当桅杆上彩灯内的蜡烛燃尽时，人们就立即鸣放鞭炮，点燃烟花火筒，对着杆上悬挂的金黄色的"田财"轮番射击。

一时间，爆竹烟花在夜空中呼啸，五彩斑斓，缤纷绚丽。当"田财"从桅杆顶上落到地面，熊熊燃烧时，人们就争先恐后地拿着束束稻草到燃烧的"田财"上去点火，一边当空挥舞，一边去田角落焚烧。人们用欢声和笑语，纺织了一幅欢乐祥和的节日画面。

知识点滴

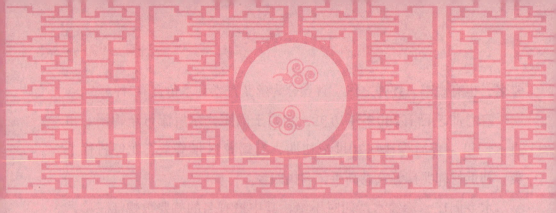

充满水乡底蕴的古镇建筑

烟雨江南，碧玉周庄，不仅积淀了丰富的良渚文化，在"小桥流水人家"的倩影里更焕发出水乡的独特风情。其中著名的周庄八景，

包括全福晓钟、指归春望、永庆庵、庄田落雁、蚬江渔唱、南湖秋月、急水扬帆和东庄积雪等。

全福寺原来坐落在周庄镇西侧的白蚬江畔。最初叫"泉福寺"，后经不断扩建，梵宫重叠，乔木阴翳，成为苏杭一带有名的佛寺。

在寺内大雄宝殿的左侧悬有一口巨钟，重达1500千克。每当拂晓时分，寺内和尚撞钟，声音传送至数千米之外，人们把它当作报晓的金鸡，闻声起床。这便是全福晓钟。

全福寺内有一佛阁，名为"指归阁"。它飞檐翘角，四面有窗。每当春光明媚，风和日丽，人们常常登阁眺望春景。远方隐约琼黛，近处浩瀚水面。周庄景色尽收眼底，令人心旷神怡。

周庄镇北有一处永庆庵。庵后院有一个荷花池。池边有亭子，因

为庵中人常常在此洗钵，所以名叫钵亭。钵亭面西背东，前有一泓清水，后有百年古柳，环境清幽。闲坐亭中，垂柳拂水，风送荷香。傍晚，夕阳西下，波影烁金，常使人乐而忘返。

庄田，又名蒲田，是南湖西面的一个独圩。湖边长满了香蒲、芦苇，护卫独圩，多少年来庄田始终未被湖水荡平，后来成为了候鸟栖息的好地方。

每当秋季，香蒲吐穗，芦花泛白，庄田吸引了无数南飞的大雁。白天，雁群在空中盘旋、萦绕；夜晚，雁群随着暮色的降临而垂落，蔚为壮观。每年都是如此景色。

周庄八景，随着岁月的变迁，有的陈迹依旧，有的增添了新的光彩。有的却已影踪难觅，被历史的风尘所掩埋。

周庄作为千年古镇，历代皆有遗址和遗迹，存留后世的还有张厅、沈厅和澄虚道观等。

张厅原名怡顺堂，建于明代，清初转让张姓，改为玉燕堂，俗称张厅。张厅前后七进房屋70多间，占地1800多平方米，雕梁画柱，金碧辉煌。厅旁箬泾河穿屋而过，正所谓"桥自前门进，船从家中行"。

作为殷富人家的宅第，张厅历经500多年的沧桑，气派依然。走过沿街的门厅，面前是一个天井，绿意盎然。两侧是低矮的厢房楼，都设蠡壳窗。从漫长的岁月中留下的砖雕门楼、坚实的石柱、细腻精良的雕饰中，仍不难看出张厅昔日的风采。

大厅轩敞明亮，一抱粗的庭柱下是罕见的木鼓墩柱础，这是明代建筑的明显标志。厅堂内布置着明式红木家具，墙上悬挂着字画。

沈厅由沈万三的后裔沈本仁于1742年建造的。七进五门楼，大小

100多间房屋，分布在100米长的中轴线两侧，占地2000多平方米。

沈厅由3部分组成。前部分是水墙门、河埠，供家人停靠船只、洗涤衣物之用。

中部分是墙门楼、茶厅、正厅，为接送宾客，办理婚丧大事及议事的地方。

后部分是大堂楼、小堂楼和后厅屋，是日常生活起居的地方。

整个厅堂是典型的"前厅后堂"的建筑格局。前后屋之间均由过街楼和过道阁所连接，形成庞大的走马楼。正厅堂是"松茂堂"，占地170平方米。

朝正堂的砖雕门楼，是5个门楼中最雄伟的一个，高约6米，正中挂有匾额"积厚流光"，四周为"红梅迎春"浮雕，所雕人物、走兽及亭台楼阁、戏文故事等，栩栩如生。后有大小堂楼，建筑风格与正厅迥异。

除了典型的江南建筑外，周庄的桥也极富个性。其中著名的有富安桥和双桥。富安桥是江南仅存的立体形桥楼合璧建筑，双桥则由两桥相连为一体，造型独特。

双桥是指位于周庄中心位置的世德和永安两座桥，建于明代。两桥相连，样子很像古代的钥匙，又称钥匙桥。

富安桥始建于1355年，后由沈万三的弟弟沈万四出资重建，变成了石拱桥，改名为富安桥，有期望富贵平安之意。

富安桥是一座桥与楼联袂结合独特建筑，桥身用金山花岗岩精工

而筑桥栏和桥阶用武康石堆砌。桥侧还有桥楼4座，在水上遥遥相对。

桥的阶梯上刻有吉祥浮雕图案。桥身建有飞檐翘角的楼阁，飞檐高啄，遥遥相对，宛如阁中飞桥，又像桥上建屋，桥、楼合璧，相映成趣，成为江南桥、楼之冠，是古镇周庄的象征。

由于沈万三的名气和影响，他给周庄带来的经济繁荣及发展，周庄人有目共睹。后人便兴建了沈万三故居。

沈万三故居位于周庄镇东垞，是后人根据历史资料和历史原貌，在原址基础上精心设计、精心修建的仿明式建筑。

故居参照沈万三致富的各种传说、经商的坎坷历史、一生的传奇经历和沈家生活起居的场景，通过铜像、砖雕、漆雕、实景模型、版

面、布景箱、泥塑、连环画等艺术手法予以展示。

故居充分体现了"以周庄为代表的水乡旅游文化"和"以沈万三为代表的商业文化"的有机结合。

沈万三铜像高8米，底座0.8米，前面是神奇的聚宝盆。照壁正面为故居简介，反面的砖雕作品《金玉满堂》，形象地展现了沈万三大富大贵的景象。

沈万三故居有5个院子，在围墙上有16幅精美的砖雕艺术品，通过"迁居周庄、春耕垦荒、建屋造宇、种桑养蚕、积谷东庄、会友宴客、书香门第、开店设铺、巧得宝盆、陆氏赠财、捐资筑城、造桥积

德、海外经商、茶马古道"，生动地再现了沈万三的传奇历史。

沈万三水冢在镇北银子浜底。那是一条逶迤清冽的小浜。萍红藻绿，芦荚茂密。

人们传说银子浜尽头有水一泓，下通泉源，早年不枯。水下有一古墓，非常坚固。这里埋着沈万三的灵柩。河面上泛起的粼粼波光，酷似无数碎银在闪烁，笼罩着神秘色彩。

知识点滴

周庄有一种著名的美食特产万三糕，距今已有数百年的历史了。据说，镇上的邹氏家族继承祖业，生产各式糕点，因用料讲究，片薄滑糯，入口即化，深受人们喜爱。

邹氏先世早在明初就开设有公茂茶食作坊，每逢年过节，他的邻居巨富沈万三家里经常会订购大批的糕点赠送和招待亲朋好友，后来这种糕点就被称作"万三糕"。邹氏茶食作坊也随之出名。

糕米全用上等的长粒糯米，经烘炒粉碎后，按家传配方精制而成，从投料到成品包装先后有8道工序。随着年代的久远，万三糕越做越精。无论从品种选料、工艺流程，还是规格质量上都得到不断革新，开发出如玉带糕、松子糕、千层糕、步步糕等20多种系列糕点。

同里古镇

　　同里古镇位于江苏省苏州市吴江区东北，是江南六大名镇之一，旧称"富土"，唐初改为"铜里"，宋时将旧名拆字为"同里"。同里镇建于宋代，至今已有1000多年历史，是一个具有悠久历史和典型水乡风格的古镇。

　　同里镇风景优美，镇外四面环水，镇内家家临水。明清民居，鳞次栉比，宋元明清桥保存完好。它以"小桥流水人家"的格局赢得了"东方小威尼斯"的美誉。

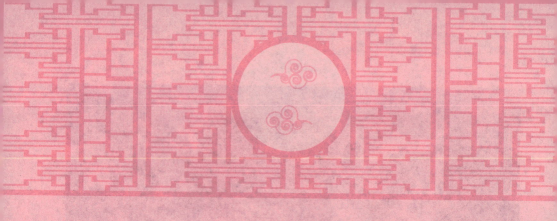

闻名海内外的同里三桥

　　同里古镇位于江苏省苏州市吴江区东北，是江南六大名镇之一。同里旧称"富土"，唐初改为"铜里"，宋时将旧名拆字为"同里"。古镇始建于宋代，至今已有1000多年历史，是一个具有悠久历

史和典型水乡风格的古镇。

据清嘉庆《同里志》记载，从宋元明代起，同里已是吴中重镇，由于它与外界只通舟楫，很少遭受兵乱之灾，便成为富绅豪商避乱安居的理想之地。不难看出，同里名字的变更，取决于当地人含而不露的传统观念和源远流长的历史文化。

同里以"醇正水乡，旧时江南"特色闻名于海内外。小镇清丽古朴，水田肥沃，物丰富庶，人杰地灵，素有"东方小威尼斯"美誉。

同里因为水多，故而桥也多，镇内共有大小桥梁40多座，大多建于宋以后各时代，最著名的有思本桥、富观桥、普安桥和长庆桥。

思本桥至今已有700多年的历史，是全镇保存最完善、最古老的拱桥，是苏州市吴江区境内现存最古老的桥之一。其位于苏州市吴江区同里镇辽浜村，跨市河。是由1253年至1258年间诗人叶茵所建，俗称思汾桥。

思本桥东西走向，单孔拱形结构，除石阶改为花岗石以外，其他都是武康石。

桥的拱券以分节并列法砌筑，顶宽1.85米，埙宽1.9米，长22.5米，矢高4.5米，跨泾9米。其矢跨比正好为1:2，拱券呈半圆形。该桥具有独特的形体结构和架桥技术。

在桥东西两边斜坡和桥面北侧，用3块大型的条石衔接，条石每块长为4.4米，宽0.73米。两侧石条则凿成阶沿，与相并石阶高低宽狭一致。如此构造，个仅显示出其形体的特色，更对维护整座桥梁免致坡侧倾斜，起到了极好的固定作用，所以至今虽未经修葺却保存完好。

富观桥，初名为庆荣桥，位于同里镇区东北后港。早先，在桥面上曾筑有木栅栏，作为防守之用，建国后拆去。桥历代多次修建，各次修建中均利用一部分新石料，如元代建时的武康石、明代修建时的青石、清代修建时的花岗石。富观桥集历代石料之大成，历经沧桑，在阳光照射下，仍熠熠生辉、绚烂夺目。

普安桥拱形单孔，南北走向，跨后港。这座桥初建于1369年，并于1488年至1505年间由同里人顾宽和沈达重建。后世所存的桥是1850

年重建的。桥全长21米多，拱券跨度为7米，由清一色的花岗石砌成，与同里古镇周围的景色融为一体，是一座典型的江南古石桥。普安桥又叫读书桥，这是因为在桥身西侧有一副对联：

一泓月色含规影；两岸书声接榜歌。

此联上联所创造的意境名为"东溪望月"，是同里古景之一。

据记载，同里古时有前八景、后四景和续八景，"东溪望月"在续八景之中。下联中的"榜"除指船橹外，另有其意，古时，科举取士及选官的次第被称之为"榜"。因此，普安桥对联在生动记录古镇同里读书风气历来浓厚的同时，也记录了同里以前科举发达的盛况。

普安桥的东侧桥身上也有一副对联：

古塔摇红迎旭彩；罗星晕碧锁溪光。

上联中的"古塔"，据清嘉庆年间所出的《同里志·卷四》记载，在普安桥附近有一座古红塔，初为佛幢，1741年由同里人"架屋一椽覆之"，学者沈德潜书额，1800年同里人王祖瓒募资重建。后来古红塔年久失修不复存在，但"红塔埭"的地名还在沿用至今。

下联中的"罗星"指同里镇东同里湖中的一个小岛，以周围芦丛形似罗星得名，洲上有观音寺、文昌阁、斗姆阁等建筑，其景色优美。远望之，殿宇楼阁浮在碧水之上，如湖面托起一座仙山琼台，驱舟从普安桥往东，出港即可到此洲。

长庆桥俗名谢家桥，旧称福建桥，始建于1470年，重建于1704年，它与太平桥和吉利桥一起被称为同里三桥。

除了同里三桥，其他著名的古桥还有：建于1746年的泰来桥、建于1755年的中元桥、建于1811年的乌金桥、1879年重建的永寿桥。

知识点滴

建于1354年的富观桥是同里古镇最富有神话色彩的古桥。

在这座桥的龙门石上，有一幅惟妙惟肖的"桃花浪里鱼化龙"的石雕。相传，很久以前这里有一条鲤鱼。它做梦都想脱胎成仙。

有一年，在三月桃花水发的时候，这条鲤鱼乘风破浪奋力跳跃，想跳过龙门脱去凡胎而进入仙界。

可是，就在它奋力跃出水面的时候，桥上走来一位如花似玉的姑娘。鲤鱼一见不禁凡心一动，结果已跳过龙门的头部变成了龙头，而龙门外的半身仍旧保留了鱼身。

兼具古风古韵的古镇宅院

　　作为具有700多年历史的古镇，不仅具有"小桥流水人家"的风韵，而且有历经400多年的文化遗址、遗物、遗迹、遗风。

　　镇内有明清两代园宅38处，寺观祠宇47座，有士绅豪富住宅和名

人故居数百处之多。古镇中随处可见深宅大院、园林小筑。现存著名的有退思园、崇本堂和嘉荫堂。

退思园建于1885年至1887年。因亭台楼阁及山石均紧贴水面，如出水上，所以又有贴水园之称，在建筑史上堪称一绝。

1885年，安徽兵备道任兰生回归故里后建造的一座私家花园，取《左传》中"进思尽忠，退思补过"之意而建造"退思园"，该园1887年完工，建筑面积2800平方米，设计者是同里画家袁龙。

袁龙巧妙地利用不到2800平方米的面积，设计了坐春望月书楼、琴房、退思草堂、闹红一舸和眠云亭等建筑。退思园主要特点：

一是布局小巧玲珑，而不露富。占地面积仅有6500多平方米。建造时园主不讲究园林的气势与气魄，以诗文造园，追求园林的神韵与诗意，各类建筑布局力求精致与玲珑，品味清淡与素朴。

二是采用横向建筑，风格独特。一改以往园林都是纵向的结构，而变为向横里建造，由4组不同风格的建筑群组成，自西向东，分厅堂、内宅、中庭、花园。

三是亭台楼阁齐全，集古典园林之精华。退思园有三株、三绝、三珍，亭、台、楼、阁、廊、坊、桥、榭、堂、房、轩，一应俱全。

退思园建筑结构上分东西两个部分。西部为厅堂住宅，建有轿厅、茶厅、花厅，过弄为住宅，有十楼十底走马楼，以及下房5间；东部为园林。

两部之间有月洞门相通，门洞上有两块砖刻，书有"得闲小筑"和"云烟锁钥"。洞门外，一个亭子临水而立，称作"水香榭"，供人观赏池内的游鱼和荷花。

出"水香榭"往北即是回廊，壁上嵌有清代书画家恽南田的石刻。西北角有一花瓶门，进门左转弯有一小楼，称"览胜阁"。向东，入四面厅，就到了全园的中心"退思草堂"，可以环顾四周不同景色。

过草堂往东，有一琴房，窗前道影，琴声轻扬，飞鸟掠水，柳枝拂面，有无限诗情画意，旁有三曲石桥，桥上架有紫藤棚。过桥设有

假山，过山洞曲折盘旋而上，进入"眠云亭"，亭居高而筑。

由亭下山，左手转弯处有一小轩，名"菰雨生凉"，出小轩，绕假山拾级而上，对面有"辛台"，中间架有天桥。整个园林贴水而建，别具风格。

崇本堂的主人叫钱幼琴，是同里人。崇本堂是他于1912年购买顾氏"西宅别业"的部分旧宅后翻建而成。

整个建筑群体沿中轴线向纵深发展，共五进，由门厅、正厅、前楼、后楼、厨房等组成。该堂虽然不足700平方米，建筑体量不大，但是结构非常紧凑和精致。

崇本堂最吸引人的是它的各种雕刻。走进庭院，只见叠有湖石花台的小院里，天竺和红枫相映成趣，砖雕门楼面北伫立，门楼上方设置了仿木结构的飞椽斗拱，拱眼板上刻有祥龙细纹，下面是花岗岩制作的条石门槛，中置"黄狼箱"活络门闩。

"一块玉"两端饰有如意香草纹，"包袱巾"上刻着宝相花，里面还有暗喻升官发财的"鲤鱼跳龙门"的深浮雕。

门楼的字牌两侧各有一幅人物山水画，字牌上端庄有力地写着"崇德思本"4个字。德乃世人安身立命之根本，也是宅第主人崇尚的为人之道。砖雕正脊还有一幅"望子成龙"图，上面人欢鱼跃，使人浮想联翩。

崇本堂的建筑结构颇为科学，正厅与堂楼之间均有封火墙隔断，门楼与过道两侧设有"蟹眼天井"。千万不要小看了这个小小的天井，在建筑上却是一个不可忽视的重要环节，它既可通风又可采光，既能泄水又能防火，其作用真是不小。

嘉荫堂建于1922年，宅主叫柳炳南，与著名爱国诗人柳亚子先生同宗。柳亚子先生也曾在此地居住。

嘉荫堂的正门采用石库门式的墙门，其墙面所用原料比较细腻又用经过水磨加工的细清水砖砌成，使墙面更显得整洁光亮。虽未登堂入室，却给人一种神清气爽的感觉。

穿过门厅抬起头来，只见"福、寿、禄"三星居正脊中心，颔首微笑，似乎正在欢迎来自远方的朋友。

嘉荫堂的主建筑俗称"纱帽厅"，是仿明代建筑结构，整座大厅高大宽敞，庄重肃穆。

厅内到处刻着图案，五架梁两侧刻有"八骏图"，梁两端刻有"风寒牡丹"，梁底则刻有"称心如意""必定高中"等图案，就连拳头大小的一块"峰头'，也刻上了寓意"连生贵子"的莲蓬，真是琳琅满目，美不胜收。

更为罕见的是，"纱帽翅"上也刻上了《三国演义》中的"古城会""三英战吕布""三顾茅庐""草船借箭"等8幅形象逼真、呼之欲出的图画，让人不由拍案叫奇。

出嘉荫堂沿粉墙而下，就来到嘉荫堂的后街，这里街绿水曲，水随路转。街上行人悠闲，岸边绿树婆娑。远处渔歌伴夕阳西沉，近处画舫随绿水乐去。

古镇除了上述著名宅院景观，还有耕乐堂、环翠山庄、三谢堂、侍御第、卧云庵、城隍庙、尚义堂等园林和古建筑。

知识点滴

退思园的主人任兰生是光绪八年（1883年）的代理按察使。他在任时提倡捐募银赈济灾民，广得赞誉。

然而这样一位爱民如子的官吏，却遭到弹劾免职。任兰生被革职后回到同里后，就请画家袁龙为他设计建造了退思园。

这一年黄河决堤，任兰生就被派往皖北抗洪救灾，他经常骑着马顶风冒雨，视察灾情。1888年，皖北又突发大水，任兰生在江岸飞马巡视。马因咆哮的洪水受惊后，把任兰生掀落摔伤。岂料，他的伤口不幸染了毒疮，病重而卒，年仅50岁。

在病榻上，他仍询问水势，用手画图，叮嘱手下如何救灾。却没和家人说一句话。

和顺古镇

　　和顺古镇位于云南省腾冲县，是我国古代南方丝绸之路的枢纽。长期的国际贸易、文化、外交、军事、宗教的交流，使这里成了我国面向南亚的第一重镇。

　　和顺古镇内依然保留传统的文化和建筑。明清时期的祠堂、牌坊、庙观等遍布古镇，宛若传说中的世外桃源。在和顺古镇，可以领略到徽派建筑的粉墙黛瓦，还可以欣赏到江南古镇的小桥流水。

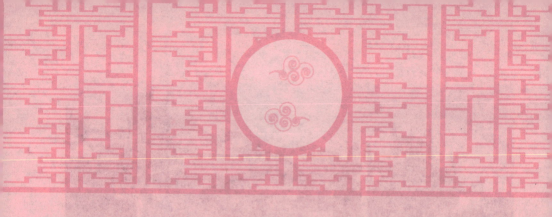

西南古丝绸之路的必经之地

　　和顺镇位于云南省腾冲县城西南，古居民以内地迁来的汉民族为主，全镇住宅从东到西、环山而建，渐次递升，绵延两三千米。

　　一座座古刹、祠堂等明清古建疏疏落落围绕着这块小坝子。有

"华侨之乡""书香名里"的美名。乡前一马平川，清溪绕村，垂柳拂岸，夏荷映日，金桂飘香，让人流连忘返，是国内第一魅力名镇。

和顺古镇被评为中国十大魅力名镇之首，源于和顺厚重的历史和文化。

这里曾是马帮重镇，古"西南丝绸之路"的必经之地，各种外来文化在此交融，也是著名的侨民之乡。但除去这些光环，和顺仍然保持着其古朴的风格不曾改变。

和顺古镇内依然保有传统的文化和建筑，明清时期的祠堂、牌坊、庙观等遍布古镇，整个古镇也保持着明清时的建筑风格，一直未曾改变，宛若传说中的世外桃源。

600多年以来，和顺古镇以中原文化为主流的和顺兼收并蓄，成为中华文明与南亚、西方交融的窗口。和顺人创造了辉煌的历史和灿烂的文化，培育出了许多文化名人、富商大贾，并留下了大量文化艺术价值很高的古民居建筑群。

其中建于明代的中天寺就是我国著名寺庙之一。中天寺始建于1635年，在清代又经扩建和修葺。后来在动乱年代里数殿被拆毁，后世仅存花园和厢楼。

后来乡人按照它的旧置重新加以修复，使之基本具备了原有的规模，香火旺盛。

中天寺不仅是地方的名胜古迹和佛教活动场所，还是地方启蒙育才的地方。嘉庆年间，和顺举人寸式玉在这里开办"中天书院"，不仅培养本乡子弟还兼收外地学子，清代腾越进士、清水乡镇夷关江胪就出其门下。李根源先生有诗写道：

古寺中天寺，德山作道山。

广栽桃与李，花开镇夷关。

寺院建筑沿主轴线依山而建，层层有序，布局合理，是和顺十多座寺庙中规模最大的寺庙之一，占地5000多平方米。

寺院旧时建有东西山门、弥勒殿、观音殿、大雄宝殿、关圣殿、三皇殿（后改为地藏殿）、天门、玉皇殿、太阳殿、太阴殿、五皇殿、马王殿、财神殿及戏楼等和其他附属建筑。

历经风雨沧桑，许多殿堂、佛像均被毁坏，仅存东厢僧舍、财神殿、乾隆年间种植的古梅2棵、康熙古碑一通。

1980年乡人倡议重建中天寺，成立了重建寺院筹备委员管委会，得到了果静老和尚的皈依弟子张孝威先生的鼎立资助。

当时果老被请到来凤寺主持全县佛教恢复工作。在社会各界人士、全乡士庶及海外侨胞的大力支持下，经过十多年的艰苦奋斗，旧时殿宇已基本恢复。

每月的初一、十五日，寺院住持都会带领四众持念弥陀圣号，专

修净土法门，定期举行放生、斋天、礼忏、普佛、荐亡和焰口等各种佛教活动。

在寺管会的积极配合下，寺院先后整改三门、殿堂彩绘、建海会塔、筑后山围墙等。内部设施逐一完善，改变了僧人的居住环境，使旧貌大有改观。

元龙阁建于明代崇祯年间，于1762年重建，是儒、释、道三教合一的道观。

元龙阁前面为碧波荡漾、水体澄澈的龙潭，背后是名木古树参天的黑龙山。

整座建筑构思奇巧，结构紧凑，背靠青山，面临绿水，宛若人间仙境。在阁内还有许多名家名联，愈加增添了元龙阁的高古气氛。

元龙阁傍水依山而筑。建筑群沿中轴线由山门、龙王殿、三官殿、魁星阁、观音殿、百尺楼及厢房等附属建筑组成。

殿阁楼台随山势逐渐升高，气势宏大。两侧的厢房、楼阁和平台对称安置。其主体建筑魁星阁，是六角攒尖顶重檐木构建筑，檐下柱枋雕刻彩绘精美。

重楼两侧团花空窗棂上雕有行书"鸢飞鱼跃"4个大字，书法遒劲，楼下正面雕刻二龙戏珠，甚为精美。阁外窗棂悬挂楹联一副：

元精含斗极，龙脉焕天枢。

含"元""龙"两字，当为此阁之名。

阁内供奉魁星塑像，赤发蓝面，一手捧斗，一手执笔，一脚向后翘起，一脚立于鳌头上。元龙阁背枕青山，前临深潭，四周古木参天，山花遍野。潭水碧澄如镜，周有石栏回护。凭栏观殿阁倒影，宛若龙宫。

潭前为宽敞的大月台，月台上分别种植两棵大树，一棵是樟木，另一棵是榕树，树冠犹如两把伞盖，罩满月台。月台下是荷花池，每当盛夏，荷花开放，亭亭玉立，为元龙阁景观增色不少。

中天寺四面环山，青山秀水绿树成荫。从建成之日起，屡经修葺和增建才存有如今的建筑格局。

1715年，中天寺增建皇阁，延迟至1775年才建好。后来，由于地震受灾，百姓房屋倒塌，寺院多数建筑也都在地震中损毁。众人建议兴修。

乡中人捐银及寺院住持僧亲往缅甸各埠化来大部分资金，寺院各处才得以修复。很快，两厢及天门佛殿、暖阁阶梯、石栏及附属设施逐次竣工，后来又增建了三皇殿。

知识点滴

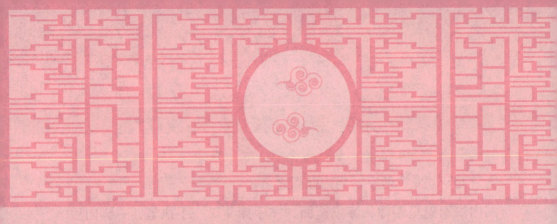

彰显文化底蕴的宗祠建筑

我国汉民族是世界上最有祖先崇拜传统的一个民族。在每个家族中，往往都有一个场所来供奉已去世的祖先的神主牌位。

所以，旧时的每个家族都会有本家族的祠堂，并给它取一个名

号，这个名号就叫"堂号"，目的是让子孙们每提起自家的堂号，就会知道本族的来源，记起祖先的功德。

和顺宗祠建筑群就是我国宗祠文化的一个缩影，也是云南古建筑的典型代表。寸氏宗祠坐落于大石巷右侧。历史上曾建有正殿、厢楼、花园、客堂、大厅、二门和大门。大门外有两层石月台，临门月台高出乡前通衢1.75米，左右两边有石标杆，每棵杆上有两个石斗，是由清光绪乙未科进士寸开泰所立。

通衢外又有一个更大的月台，前有荷池一塘，眼界开阔，风景无限。与其他宗祠不同的是大门系中西合璧，三道罗马式圆拱门，每道门上有一个近三角形的顶，图案为创意浮雕。

刘氏宗祠位于水碓村与尹家坡之间，由正殿、两厢楼、东西花园、前厅和大门组成。始建于1855年，第二年两厢和前厅都被损毁，1880年修复旧观。后来又扩建前厅，新修三开间牌楼式大门，增建月台，并立石斗标杆于月台上。

月台前新筑双孔石拱桥，桥下有池种荷，具有园林之盛。前厅还遗存一块"御龙深远"木匾，为绮罗李治用章草书写。一通1770年"保我子孙"和1771年"永免钱粮"的双面石碑，均保存完好。

刘氏宗祠门前石标杆为清光绪壬年科亚元刘宗鉴所立，被毁后又加以恢复。同时还恢复了大殿"千秋万祀""饮水思源"两块匾额。在家堂柱上有"福田宗祖种，巴山蜀水规模远；心地子孙耕，凤岭龙潭绍述长"的楷书对联。

大殿中堂两旁增加了"祭必以时，春露秋霜崇祀典；人本乎祖，父慈子孝重人伦"魏碑字联以及檐柱的"凤栖凤山飞彩凤；龙蟠龙水出文龙"的篆书联。大殿走廊两侧增加了"西汉高祖，东汉光武帝，蜀汉昭烈帝"三祖遗训石碑。过厅增加了"术通乾象，喜入天台；雕龙名著，殿虎英风"的魏碑字联，以及"巴山施仁，总旗洪武安三迤；盈水怀远，御龙腾越振九州"隶书联及"要好儿孙，须从尊祖敬宗起；欲光门第，还是读书积善来"魏碑字联。

大门新增了"温暾世家仁智礼；腾阳冠冕龙凤麟"魏碑字联及"门对龙潭千古秀；族居旺地万年春"行书联。修复后的刘氏宗祠使人耳目一新。

贾氏宗祠位于和顺乡贾家坝中间的环村路边，坐南向北，由正殿、两厢楼、花园、大门、月台组成，单开间大门与月台间为环村道路相隔。因受土地的限制，整个建筑使人感觉紧凑，小巧玲珑。

贾氏宗祠始建于清末，正房先建，两厢后建。有匾4块，全部悬挂于正殿上，此即为尊宗敬祖。

张氏宗祠坐落于张家坡帅头坡脚的马头山下，占地1300多平方米，面山临水，大盈江和三合河从祠前流过。两旁荷池相拥，整体格局为四合院带前花厅，坐南向北，由大殿、东西厢房、面楼、花园、大门、月台、标杆组成。

张氏宗祠大门向东开，大殿、东西厢楼及大门始建于1882年。面楼为五开间，四面回廊，重檐歇山顶建筑。大殿中堂门额悬挂"积厚流光"匾，两旁有隶书匾联，此隶书匾联为族人张景洲孝廉于光绪年

间在京请托西江阮振千季敦氏撰书。

除此之外，宗祠内还保留有古代一些人的书法匾联，较其他宗祠多而完整。花厅两侧刻有仿《泰山金刚经》字所书"东铭""西铭"，系族人癸卯科举人张砺手迹。

宗祠大门为木结构三开间牌楼式大门，前面是扇形月台。祠堂空间、视觉效果好，布局较有特点。

以上宗祠，见证了不同民族和谐相处和腾冲商贸文化发展的历史，具有较高的价值。

知识点滴

宗祠习惯上称祠堂，是我国民间供奉祖先神主，进行祭祀的场所，被视为宗族的象征。

宗庙制度产生于周代。上古时代，士大夫不敢私建宗庙，宗庙被天子专有。后来，宋代的朱熹提倡建立家族祠堂，即每个家族建立一个奉祀高、曾、祖、祢四世神主的祠堂四龛。

初立祠堂时，还要从现田中每龛取1/20作为祭田。至清代，祠堂已经遍及全国城乡各个家族，祠堂是族权与神权交织的中心。祠堂中的主祭宗子，相当于天子；管理全族事务的宗长，相当于丞相；宗正、宗直，相当于礼部尚书与刑部尚书。宗祠体现了宗法制家国一体的特征。

朱家角

　　朱家角镇位于上海市青浦区中南部，早在1700多年前的三国时期已形成村落，宋、元时代形成集市，名朱家村。在明万历年间正式建镇，名珠街阁，又称珠溪。

　　这里，旧式民宅鳞次栉比，粉墙灰瓦错落有致，窄窄街道曲径通幽，石板条路逶迤不断，老店名店两旁林立，素有"上海威尼斯"及"沪郊好莱坞"的美誉。另外，朱家角镇因经济繁荣，文化昌明，所以宗教活动和宗教建筑也非常兴盛。

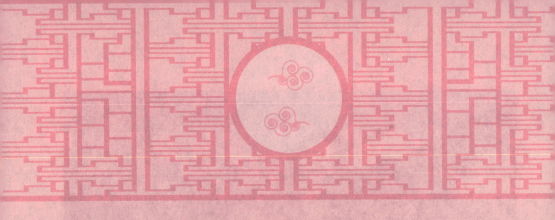

元代始建圆津禅院和慈门寺

朱家角镇坐落于上海市青浦区中南部，素有"上海威尼斯""沪郊好莱坞"之誉，又名珠街阁，雅称珠溪，俗称"角里"，原名朱家村。

318国道横贯全镇，黄金水道槽港河穿镇而过，水陆交通便捷，风景优美，物产丰裕，是上海保存最完整的江南水乡古镇。

朱家角镇因经济繁荣，宗教活动也源远流长，非常活跃。早在1127年，在淀山顶上就建有普光寺，为朱家角地区有历史记载的最早寺院。后来到了元代，清华阁十二景之一的圆津禅院建成了。

圆津禅院位于淀山湖畔，始建于1341年，属于禅宗曹溪一脉。禅院以典藏名家书画而成为了清代名刹，它曾是上海玉佛寺的下院，因院内供奉观音菩萨，又名"娘娘庙"。

禅院北临漕港，东傍珠溪，院舍结构小巧，佛像不多，但都是精雕细刻，庄严肃穆。

圆津禅院是我国历史上颇为重要的文物储藏所，在明清时期，许多文人雅士慕名前来，圆津禅院很自然地成为明清时期文人吟诗作对和交流思想的场所。

清代名人刘墉、郑板桥及钱大昕、董其昌等也来过圆津禅院泼墨挥毫，留下了诗画墨迹。文学家王昶曾为禅院撰写碑文等，并寄存了他著作的部分书版及许多其他故物。清初，寺院的住持语石大师擅长

丹青金石，广交翰墨。

1658年，寺院进行了大规模修葺，修建了亦峰居、漕溪草堂、墨花禅、息躬室、清华阁、航斋诸建筑。其中以清华阁最负盛名，它不仅是名人文士珍藏书画之处，而且环境优美，登上清华阁远眺近望，珠溪胜景尽收眼底。西自淀山湖，南及余山，东至三汾荡，北眺西漾淀，"皆微茫见于云树之外，而村落之疏密，渔舟商舶之往来，得一览而尽之"，故有清华阁十二景之称。

圆津禅院内的许多珍贵文物，部分毁于战乱，部分文物被寺内的僧徒偷出变卖，后存珍品已经不多。现还保留有文学家王昶所撰"重修清华阁记""振华长老塔铭记"，及沈光莹撰写的"重修大殿记"石碑，成为禅院遗留下来的仅有文物。

慈门寺，就是清华阁十二景中的"慈门杰阁"，是朱家角著名古刹，位于放生桥畔、漕港河边，初建于元代至正年间，原名"明远庵"。明嘉靖中毁于兵祸，1571年，行脚僧湛印募款重修大雄宝殿，民间称为新殿。

据传，正殿如来佛的一对眼睛看上去像活的一样，夜里还会发光，是用"猫儿眼"宝石镶嵌。在如来佛坐垫下有一暗室，直通淀山通灵泉。大殿朱檐石柱，内塑十八罗汉、二十诸天，无所不有，成为远近闻名的大刹。

1611年，明朝廷敕赐寺名为"护国明远慈门寺"，并赐一尊乌斯藏大士像和20部经卷。为此，寺院又特别建造了观音阁和藏经阁，以珍藏这两件御赐的镇寺之宝。此后，慈门寺名声大振，香火旺盛。

1628年，大殿左侧增建一座高20米的钟楼，钟重1250千克，钟声在10千米以外都可听到。每当风晨月夕，钟声隆隆，震于太空，闻者肃然而醒，惶然以思，止恶而兴善，作警世之教，也深有裨益。

朱家角古镇席氏厅堂是明代建立的著名宅院。该堂建于嘉靖年间，位于朱家角镇东瑚街席家弄内，是镇上现存较为典型的明代宅第建筑。

席氏原籍洞庭东山，明嘉靖礼部尚书席永培告老回乡后，因避乱迁到朱家角，爱其土俗淳厚，遂建宅定居，后子孙繁衍，成为镇上望族。

席氏厅堂气势恢宏，富丽堂皇。宅第坐南朝北，正墙门面对湖偕港，向后一直延伸至祥凝浜，前后共5个厅堂。在正墙门前有3级石阶，石阶两旁分竖2座扁圆形石墩，石墩上雕有奔腾的麒麟，这在民间建筑中十分罕见。沿河又有石驳、河埠和水墙门。

席氏厅堂头厅建筑高大宽敞，庭柱石墩，硕大无比，气度非凡，旧时是席氏家族婚丧喜庆的场所。头厅仪门上的砖雕，仍保存完好。

特别是仪门上方有"乐且有仪"4个字，两边雕有龙凤走兽等各种

动物，造型生动逼真，栩栩如生。这些砖雕刻画细腻，有较高的艺术价值，比周庄沈厅仪门的砖雕更胜一筹。在席氏厅堂二道仪门和围墙上均有精细砖雕，如同工艺展览的殿堂。据传，围墙曾有一块鲤鱼跳龙门的浮雕，后毁于战乱。

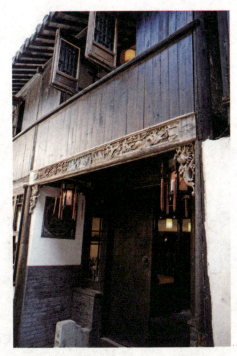

慕王谭绍光得知后，命人重新雕刻了一方砖雕，因此这方砖雕的雕色刀法和其他砖雕有所不同。二厅为起居间，后厅则朝南三开楼台，上建凉台走廊，以雕栏围起。起居外有画栋护框，在这里登高远望，水乡野景一览无遗，古镇风貌尽收眼底。

知识点滴

佛教分为九乘佛法，然而禅宗就是教外别传的第十乘。禅宗又名佛心宗摄持一切乘，是汉传佛教宗派之一，始于菩提达摩，盛于六祖惠能，中晚唐之后成为汉传佛教的主流，也是汉传佛教最主要的象征之一。

汉传佛教宗派多来自于印度，但唯独天台宗、华严宗与禅宗，是由我国独立发展出的三个本土佛教宗派，其中又以禅宗最具独特的性格。禅宗的核心思想是，不立文字，教外别传；直指人心，见性成佛。

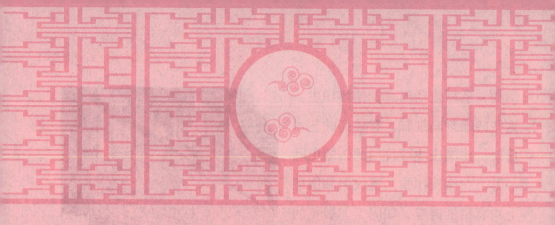

江南桥乡的古风古韵

朱家角素有"江南桥乡"的美誉，据清乾隆时期的《金泽志书》记载，金泽四面临水，内部多有支流河流，桥梁也比其他镇要多，古代称"四十二虹桥"。

　　但是，后来有关部门根据相关资料及当地老人的回忆，只能查到28座古桥，而且多数由于年久失修，毁坏严重。其中：放生桥、万安桥、普济桥、迎祥桥、天皇阁桥、如意桥、汴水虹桥等桥仍然存在。这些桥梁造型美观，结构精巧，深受国内外桥梁专家和学者们注目。

　　最值得一提的是放生桥。放生桥横跨于镇东首漕港河上，是一座五孔石拱桥，全长70.8米，宽5.8米，高7.4米，是上海地区最长、最大、最高的五孔石拱桥，称为"沪上第一桥"。

　　古代时，12千米长的漕港河仅有这一座大桥，南堍就是朱家角镇，隔岸是昆山并亭，因其地处淀山湖要冲，这座桥在元代时期就已成为交通要道。

　　1571年，慈门寺性潮和尚募建放生桥。400多年前要在水深流急的大江上建造如此大桥，谈何容易。

　　该桥设置了超薄的柔性墩，使主拱受力大大减小，材料大大节

省，这对缺乏矿山资源，造桥石料全靠外运的当地来说是十分经济的。

桥拱主拱圈采用纵联分节并列砌法，加强了拱石间的联系，使薄墩桥变得更为坚固。桥的中孔9节拱石，两边孔分别为7节、5节，每节由9道拱石并列而成。上下拱石间有独块横系石连接。桥台座石也是整块石板，显得十分稳固。

由于墩薄，加上桥拱自然递增，全桥形成一个缓和顺适的纵坡，自然和谐地衔接两岸街面，显得雄伟而不笨重。桥上的石刻技艺十分高超，龙门石上镌有8条盘龙，环绕明珠，形态逼真。

桥顶四角蹲着4只石狮，仰头张嘴，栩栩如生。中间有竹节望柱，桥面中央镶嵌雕花石板。

长方形板式桥栏，四角方整，棱角分明。桥东建有碑亭，供行人憩息，临水筑以石驳，凿以锁缆孔，作为舟楫停泊之用。桥壁柱石上刻有清晰的楹联：

帆影逐归鸿锁住玉山云一片；

潮声喧走马平溪珠浦浪千重。

楹联左右各12字，自上而下，似山涧飞瀑，一泻百丈，颇有气势。它描绘了漕港水运繁忙的景象和江河波涛的汹涌，更加突出了放生桥的宏伟气派。

放生桥长如带，形如虹。"井带长虹"成为朱家角十景之一。历来文人雅士赞美此桥，有诗写道：

长桥驾彩虹，往来便是井。

日中交易过，斜阳乱人影。

这首诗展现了古镇一天繁华的景象。尽管一天最好的时光已过去，但是桥的两岸仍然是那样热闹。

放生桥凌空而起，以超越凡力的想象跨越宽阔的江面，表现出我

国古代桥工克服天然险阻的无穷智慧和力量。从美学角度看，放生桥又是一座将功能、技术、经济和美观融合一体综合性桥梁。

朱家角古镇另一处著名景观是城隍庙。城隍庙位于镇中心的祥凝浜，坐东朝西，正门临河。

整座庙宇飞檐翘角，门前是一面照壁，两边有一对怀抱绣球石狮。进入大门，迎面赫然而立的是一棵缠满红丝带的树，树并不高，但苍翠青郁。

这棵树名为广玉兰，是城隍庙的许愿树，红丝带为许愿带。传说人们手里拿着红丝带许愿，并将红丝带系于树上，愿望就一定能实现。

绕过许愿树，穿过一座殿门，迎面就是城隍庙正殿。正殿门楣上悬有巨大算盘形状的匾，十分独特，匾上书有"风调雨顺"4个大字。

进入殿中，城隍老爷与夫人塑像赫然而立，两人皆慈眉善目。大殿两侧有两根立柱，书有"修德行善福在其中；怨天尤人愚何其极"的对联。

穿过大殿，是一座稍小的观音殿。红漆灰瓦的观音殿门前左右各有一只石狮，线条柔和，栩栩如生。殿内高悬黄幔，幔上书"佛光普照"4个字，幔下就是站立的观音像。观音左为东岳大帝，右为王灵官。

殿左还挂着一个巨大的金钱，钱眼中挂着一个小钟。传说，人站在离金钱3米远的地方用钱币投打，如果能击中小钟，这一年就可以财运大发了。

出了观音殿，穿过圆形拱门，就来到了庙内偏院。小院四面都是二层转角楼，屋檐伸出，构成一个天井。四面回廊有甲子像，每个人根据生辰八字都可以在此找到自己的守护神。甲子像上首是关公、包拯像，面目一红一黑，与戏文中的人物形象完全一样。

城隍庙是道教建筑，始建于1796年，庙内有3件宝：戏台、大算盘和银杏树。

戏台最引人注目在于台中八卦藻井顶部160只斗拱，它相互连接，全靠榫头相互紧扣，不借助一根钉子。这种榫接方法，只有少数木匠中的高人，才会使用。正门上的大算盘寓意很深刻，奉劝人在世上，

不要老是斤斤计较，主要是教育世人和后人要与人为善，和和美美。

雌雄同株的古银杏树，已有400多年的树龄，长得魁梧苍劲，每年秋天果实累累，象征着朱家角人长寿健康。

城隍庙是青浦城隍的行宫。原庙址在镇南雪葭浜，于1763年迁现址。当时有头门、戏台、大殿，侧面两庑，左边有寅清堂、熙春台、玉照廊等，右边有凝和书屋、荷净山房、潭影阁和含清榭等。凝和书屋是当时文人文会所在。这些亭台楼阁，假山水池，时人统称"城隍庙十二胜景"。

城隍庙供奉的就是本庙的主神名为青浦城隍神。明代青浦置县。后来崇祯帝下旨封已故的四川布政使沈恩为青浦县城隍。朱家角城隍庙，就是青浦城隍庙的别庙，故又称"青浦城隍行宫"。青浦城隍为县城隍，故爵号为"显灵伯"。

知识点滴

许愿树是人们在枝叶繁茂的古树之上挂上自己的愿望，祈求愿望能够得以实现的树。宋代进士刘昌诗在《芦蒲笔记》里记载了一则故事。

传说四川蜀道上有一棵古树，行路人经常在树下乘凉歇脚，换鞋的时候往往就把破鞋扔到树上去。一个书生在树上写了"草鞋大王"4个字。当书生返程经过这里时已经盖了小庙。3年后换成了宏大的庙宇。

这位书生进庙问神像："你有什么本领竟达到这个地步呢？"晚上草鞋大王给书生托梦说："我死后，玉皇大帝认为我忠厚，你写了'草鞋大王'4个字，他就任命我做了草鞋大王。"书生问他有什么本领显示灵验呢？他说："我什么本领也没有，只是把人们的要求转达给玉皇大帝，再把大帝的意思转达给祷告的人，如此而已。"

黄姚古镇

　　黄姚镇是广西名镇，位于广西壮族自治区贺州昭平县，是一个有着近千年历史的古镇。古镇发祥于宋代，兴建于明代万历年间，鼎盛于清代乾隆年间。

　　由于镇上以黄、姚两姓居多，故名"黄姚"。黄姚古镇中存留下来了很多较为完整的明清建筑，并以"梦境家园"的"小桂林"之称而享誉内外。

　　镇内的建筑按九宫八卦阵势布局，属岭南风格建筑，与周围环境形成一体，被称为"人与自然完美结合的艺术殿堂"。

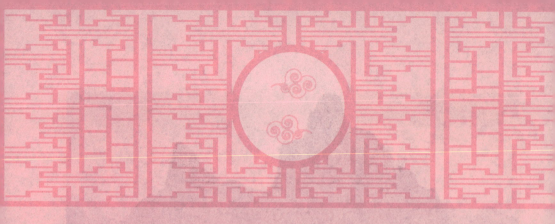

以山水园林著称的千年古镇

黄姚古镇与昭平县城及贺州市均直线距离约40千米，距桂林200千米。是一座有着近千年历史的古镇。

以山水园林著称的黄姚，发祥于宋朝，兴建于明朝万历年间，鼎盛于清朝乾隆年间。

全镇居民600多户，8条街道。镇上多数房屋都保持着明清风格，由于黄姚所处特殊的地理位置，四面皆山，易守难攻，而且交通不便，所以村镇处于半封闭状态，使得古老的民居、众多的文物墨迹得以保存。如韩愈、刘宗标的墨迹。

曾经有人这样形容过黄姚：

黄姚古镇如同一本千年的诗集，被人遗忘在图书馆僻静的书架上，当人们不经意地走过，翻开这美丽的篇章，古朴而优雅的格调立即征服了人的心。

黄姚作为千年古镇，以其独特的宗祠文化、诗联文化和牌匾文化闻名于世。

黄姚至今仍保留着许多明清时期的宗祠，各宗祠每年都有独特的祭祖活动，参加活动的人来自广西各地和广东、香港、澳门、台湾等地。

黄姚的宗祠结构精致，规模豪华。门前的大石阶，祠内宽阔的门廊，正中的天井以及两旁的小花园，无不独具桂北屋宇风格。宗祠墙壁上刻着精美的花禽鸟壁画，技艺精湛，风格独特。

据史料记载，明末清初的黄姚人非常重视教育，读书之风盛行，文化氛围极为醇厚。这里人才辈出，过往的文人墨客很多。古镇奇美的风光和众多的亭台楼阁，成为文人们吟咏的对象，黄姚因此形成了具有独特乡土特色、地域风格的诗联文化。

古镇的诗联对仗工整，寓意深刻。据不完全统计，历代诗人赞美黄姚的诗达186首，楹联有197副。

千百年来，黄姚古镇留下了许多内容丰富的牌匾。后世所存的牌匾约有50多块。这些牌匾记载了古镇各个时代发生的真实历史事件，内容都有深刻的历史背景。

牌匾也从另一侧面反映了黄姚古镇明清时代的社会、经济和文化兴旺繁荣的景象，"直道可风""模范长留""且坐喫茶"等匾及光绪

皇帝亲赐的满汉文对照的圣旨牌匾等都各有特色。

黄姚古镇著名的建筑有宝珠观、文明阁和带龙桥等。1524年，在古镇小珠江边的宝珠山旁新增一座宝珠观。

该观是当地人用以供奉北帝、如来和观音的，是道、佛合一的寺观。寺院由大殿、门厅、厢房、天井和回廊等组成，占地面积1300多平方米。每年农历三月初三是该寺观的庙会。寺观于清代乾隆、道光、光绪年间曾多次重修。

　　文明阁坐落在黄姚镇东南天马山西麓，它以其雅致、幽静、豁朗、清新的风格，位于旧黄姚八景之首。

　　文明阁始建于1573年至1620年的明万历年间，清代及近代历经4次重修。原有步云亭、文明首第、土地祠、豁然亭、福禄亭、惜字炉、天然图画、财神殿、大堂正殿、不夏亭、桂花亭、魁星楼12处建筑物，今仅存8处，阁内历代名人题诗刻石颇多。

　　沿天马山而上，文明阁第一道门楼上书"文明首第"4个大字。两边写有一副对联"春入水逾响，秋高山更青"。

　　沿着石梯向前走，就会看到旁边有一通石碑，上书"文明阁祀田碑"。再往前行便是霍然亭，亭前柱上书"上下江涵画阁添，东西岸隔烟波间"，后面柱子上有"有风花气犹迷阁，无雨岚光尚滴衣"。

　　第二道门楼上书"有声"两字，旁边写着"星临平野阔，山似络阳多"，门楼内有1864年重修文明阁碑。依山而行，两旁可以看到古

人登山留下的石刻，其中一篇为"余王至黄姚登文"。

前边是惜字炉，供烧香之用。上面也刻有对联，共有6句：前面为"赤文归造化，赤字幻霞烟"。左边上书"烟霞"，两边为"一炉纸化氤氲气，万古人存爱护心"。右边上书"风月"两字，两边刻有"迹民别风淮雨外，烟迷五岭一溪中"。

惜字炉旁边石山上刻有"小西湖"石刻，这是清代太史刘宗标于光绪戊寅初秋题的。再往前，旁边石上刻有"道光庚子年重建文明阁新建魁星楼并建亭至碑记"。

至此到达第三道门楼，楼上书"天然图画"4个大字，旁边写着"乾坤风月归图画，山水烟霞入品题"，左下角立有"攀山石碑"，为1765年所立。

沿梯而上，进入大殿，殿内供奉着关公。出大殿前行，旁边石壁上刻有唐宋八大家之一的韩愈题书的"鸢飞鱼跃"4个大字。下有"重阳登高联咏"，以及"新建不夏亭碑记"。

再往前就到了七星亭，两边书有"清凉舒适合心情，静坐闲谈知己话"。转身再上，看到阁楼就是魁星楼，里面供奉着"魁星公"。

在文明阁内怪石嶙峋，古树成荫，登高俯瞰，宝珠古刹，东门古榕，尽收眼底。这里山清水秀，风景如画。

带龙桥是黄姚古镇座古桥梁中最大的阶梯石拱桥。始建于1575年，1759年重修。桥长22米，宽3米，有两拱，一大一小，大拱离水面3.2米，直径约5.6米。小拱是旱拱，离地面2.55米，直径3米。

平时，江水从大拱流过，洪水期间，小拱则起到分洪的作用。整座桥面全部用当地的厚青石板铺成，石板之间用特制的铁卯连锁，把桥面牢固平整地连成整体，将中力均衡落到桥拱，防止石板日久向两边分离。该桥重修后一直牢固如初。

带龙桥呈半月形横跨在新兴街东面的小珠江上，上面还有一座乾隆时期所修的桥楼，后来被拆除。

对于一个以水为生的小镇，能驾驭洪水无疑是一个重大的突破，这也是黄姚历经千年仍能完好地保存的主要原因。

关于黄姚这一名称的来历，在民间有另一种说法。这也是人们十分感兴趣的问题，因为它涉及古镇历史的发端。

关于这一问题，民间有传说认为，黄姚古代是壮族和瑶族的杂居之地。在这里最早居住的是黄姓和姚姓两户人家。

1052年，狄青率领部下南征壮族首领侬智高。他的部队将要路经黄姚，便派士兵前去打探路线，得知当地只有黄、姚两户人家，于是就把此地称为黄姚。现在的镇上已经没有姚姓，而黄姓则是清代以后才陆续迁入，并非原来的黄姓。

知识点滴

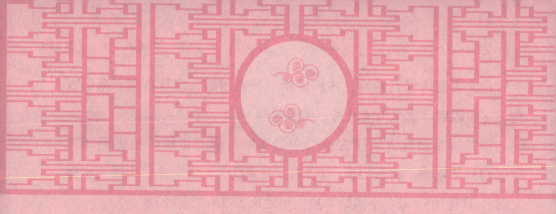

具有丰富内涵的古镇建筑

　　黄姚古镇作为人与自然完美结合的艺术殿堂，既有丰富的历史内涵又有浓郁的人文气息。最能代表古镇文化气息的就是古戏台、兴宁庙、佐龙祠、石跳桥和司马第等。

古戏台始建于1576年。戏台在清朝乾隆年间、道光年间都曾进行过维修。

古戏台左与"宝珠观"庙堂为邻，右有百年古樟的绿荫遮蔽，背后是日夜奔流的"小珠江"，整个环境幽雅宁静，是看戏的极好场所。

整个古戏台呈"凸"字形，分前、后台、厢3部分。8根一抱粗的大木柱支撑着整个戏台，宽敞的舞台在前面，演员的化妆室和休息室在后面，布局合理、规范。戏台雕梁画栋，并写有工整的对联。

如第二道的台柱上就刻有令人叫好的一副对联：

闻其声乐则生矣，不妨既竭耳力；
观其色入焉瘦哉，必须继以心思。

屏风中镶有"可以兴"3个金光闪闪的大字，凝练地道出了戏台当时起到的作用。后台的左厢房门楣上，写着"飞燕"，右厢房门楣上写着"惊鸿"。

门楣上端各有一画，分别是《古松寿鹤图》和《梅花鸟语图》。前台的天花板中央又有一幅画，为《双凤奔月图》。走进戏台，这些书画作品令人目不暇接，给人以高雅的艺术享受。

在戏台的表演区，古人运用了水缸共鸣的原理，在单层厚木板铺成的戏台下面，放着4口大水缸，可使演员的演唱及锣鼓声产生共振，具有扩音的效果。

据当年看过戏的老人说，每当戏台上鸣鼓、击锣，不仅镇上回荡，就连7500米远的大风坳也能听见这鼓声和锣声。我们祖先在400年前就有了这种"音响"意识，确实使人们对黄姚古戏台刮目相看。

兴宁庙在黄姚古镇的东侧，始建于明万历年间，1756年对其重修，并添建真武亭和护龙桥。庙背靠隔江山，面向真武山，左有鼓乐亭，壁上画有八仙醉酒图。右是牌坊，青砖墙，琉璃瓦盖。

真武亭柱上有对联："别有洞天藏世界，更无胜地赛仙山"，是清代举人林作揖撰写。

前面石柱上对联为："襟带河山，形腾甲出"，旁书"巨川林作揖题"。中间石柱上的对联为："山崎水停渔鼓浪，春华秋实鸟争鸣"，旁书"云纪莫官生题"。里面的石柱上也有一副对联："帝网万年垂保障，仙山千古仰声灵"，旁书"玉田何其璋"。

护龙桥下是石溪与姚江汇合处，溪水从庙门前蜿蜒流过，越过护龙桥十余米，左有天然石门，进入石门是一大石板平铺的露天石台。

右有怪石无数，石旁有翠竹一丛，一石顶上长有榕树一棵，甚为奇趣。其风景之幽雅，足以令人陶醉，故历代诗家题咏颇多。

佐龙祠位于黄姚古镇安乐街宝珠巷西南，紧靠佐龙亭，黄姚古镇景点之一。该祠建于清代乾隆初年，光绪年间得以重修。

佐龙祠为砖木结构，高2.8米，面宽2.41米，进深3.7米。祠与亭相连方石须弥座单檐。亭为重檐，歇山顶，方形结构，四柱上有对联。

中联"佐起文明新运会，龙扶博厚铁山河"；前联"傍水四围山蕴藉，洞天一品石玲珑"；左联"此地有碧流黄石，其间皆翠绕珠围"；右联"乾坤风月无双价，廊庙山林一等人"。

亭的上方有一圆形篆体"寿"字，另有一幅鱼头蝙蝠身的图案，据说是作者根据祠前的"鲤鱼跳龙门"之景而获得的灵感。

石跳桥始建于清嘉庆年间也就是1796年至1820年间，距今有200多年的历史。

整座桥是由31个石头墩子排列而成，高石墩露出水面，矮的石墩

埋在下面，起到支撑和固定作用，31个石墩间距按人行走的步伐排列，既方便人行，又不影响泄洪。200多年前的古人就可以造出这么实用又富有美感的桥，着实令人惊叹。

石跳桥是黄姚古镇中最具特色的桥。在黄姚青石板铺就的桥不止1座，大大小小加起来有15座之多，这些石桥把黄姚的河水悉心装点了起来。

司马第是黄姚古镇代表性景点之一，位于黄姚龙畔街，是黄姚民宅的典型代表。司马第作为清代建筑，是一座沿着地势递进式的老宅院。沿着古镇小路拾级而上，可以看到司马第大门口非常完整的石鼓，它与宅院一起被保留下来。

宅院通透，面阔3间，进深3间。前座中为门厅，两旁为耳房。中座正中为天井，两边为厢房。后座是正房，正厅里放置着隔扇和案台。司马第的建筑格局是黄姚其他民居的缩影。

知识点滴

古戏台是指清末民初以前修建的以戏曲表演为主要功能的有顶盖的建筑。

戏台作为传统戏曲的载体，联系我国古代多样的宗教习俗和戏曲民俗，负载着在传统戏曲艺术形态中表现出的民族情感和民族精神。

我国遍布城乡数以万计的古戏台见证了我国戏曲的形成，促进了戏曲的发展和繁盛，体现出我国古代建筑艺术的绚丽和辉煌。

然而，由于各种天灾和人为的原因，这些珍贵的文化遗产遭到了严重的损毁。调查显示，相较于20世纪50年代的10万多座，目前古戏台只剩下了1万多座。